難忘的偶然

我的尋根、逐夢與感悟之旅

劉富臺 博士 著

人生像一首詩歌，

無心出岫，倦飛知返，

尋根、尋夢、尋找自己的心。

一路上，

雲淡風輕，踽踽獨行，傍花隨柳，達者同遊。

難忘的是，心底的光亮，宇宙人生無價的寶藏。

/【序文】/

認識自己

　　小時候偶爾會問父母，我們從哪裡來的？得到的標準答案是：「像孫悟空一樣，從石頭裡蹦出來的。」人都是父母生的，可是一路往回推幾億代，不用到那一百三十八億年前，我們這個宇宙緣起的時候，可能就得有人不是父母生的。開玩笑的答案，或許不完全是空穴來風，說不定最早的老祖宗們，還真是從石頭裡蹦出來的。要明白我是誰、我從哪裡來的，其實比想像要難上千萬倍。即使是大科學家、大哲學家、大思想家，窮畢生之力，都不一定能得到答案。尋根探源，感念祖先們對於延續香火的努力，才會有今天的我們，中間只要斷了一代，麻煩可就大了。

　　四歲左右，在一次生命劫難中，我被臺東鄉下的一位醫生宣告死亡，那個時候當地只有兩位醫生。還好父親不死心，趕緊背起失去意識的我，飛奔向另外一位醫生求診。這位醫生看了看說：「打個破傷風針就沒事了。」生死還真的是在那一瞬間，在那能否有呼吸心跳之間。生長在臺灣，當年大環境的物質條件比較差，父親一個公務員要養九口之家，「生

之者寡，食之者眾」，生活自然是清苦。現在的學者說「有錢難買少年貧」，我們當年是窮得叮噹響的。雖然家中窮困，父親仍堅持每個兒女都能接受良好教育。而對於身為長子的我，父親的期望就更高了。

幸運的是，臺灣當年低廉的學費政策，使大多數人，尤其是家境清寒的人，都能接受正規的學校教育。因而造就了大批的各種人才，這對於後來臺灣高科技產業的發展，有一定的影響及關聯性。二十四歲生日當天，搭飛機到美國就學，飛了二十多個小時，到達學校是當日下午兩點，整整賺了十二個小時。因而過了這一生最長的一個生日，也開啟了人生全新的一頁。由於父親「念力」加持，還真取得了博士學位。學校畢業之後，先在英特爾（Intel）受到非常好的專業技術訓練。後來在意法半導體，一路得到公司栽培，接受了各種管理訓練，因此打下了後來在半導體產業工作的基礎。在世界級的幾家公司做了幾十年事，接近知天命之年，才有機會到美國加州矽谷工作。看到全球的精英人才薈萃，矽谷無數的新創公司，在面對高科技未來的應用及挑戰之中，激盪腦力，積極進取，挑燈夜戰，不怕失敗。創業家及工程師們引領著創意、創新的步伐，讓智慧的火花發光、發熱。身臨其境，也感覺與有榮焉。

經過了多年矽谷的洗禮及激勵之後，下定決心要離開大

公司，走入創業之路。雖然年紀不小了，但總比都不開始要好些。一個人帶著電腦，帶著想法，去找錢、找人、找夥伴，面臨的困難及挑戰，不足為外人道也。這個時候的心情像是從雲端掉到谷底，開始了那「踽踽獨行闖三關」的考驗。多年來經過了重重創業困難，踏著沉重腳步，重新接了地氣，重新開始學習。生命中曾經最在乎、最糾結的人、事、物，十年、二十年之後，還會在意嗎？通常是不會了。人世間的道理，現象、真相，都不能只從表面上，不能單從一個角度上，或是從短暫的時間上來看。真相，往往遠遠超過我們肉眼凡胎的觀察判斷。

我們出生在哪個家庭？哪個地方？成長於什麼樣的環境？進哪所學校、哪家公司？住哪個城市，會有什麼樣的遭遇？我們其實很少有真正自主的選擇權。父母、伴侶、兒女，家人，常常也只能用一個「緣」字來解釋。一生之中，我們只能在腦海裡留下小小的片段及一些特定「時空人事」的印象。所見、所聞、所經歷的人、事、物雖然不可勝數，但是能保留深刻印象、能清楚記得的卻是不多。而且時間一久，可能連重要的事也都淡忘了。然而某些「偶然」的特殊際遇，常常讓我們終生難忘，點點滴滴，歷歷在目。那一幕幕的畫面，串起了我們人生的故事。滾滾紅塵，滔滔白浪之中，要認識自己並不容易啊。

人生像是一首詩歌，來自宇宙，翱翔天際，穿梭雲霧，幻化九邊，無心出岫，倦飛知還。這個像浮雲一般，虛無飄緲的「我」，好像什麼都抓不住。這一生，到底是怎麼一回事？在一長串的「偶然」之後，無論是誰，都「必然」走向後續的「時空轉換」，邁入另外一個全然不同的新世界。在這一生之中，如果有機緣明白「宇宙人生」是怎麼一回事，能夠體會一些人生大夢之「箇中三昧」，又何須惆悵人生之無常呢？

讀徐志摩詩〈偶然〉有感

　　徐志摩這首詩，表面上看起來是一首情詩，但是它卻表達了非常高超的宇宙人生意境，所以才會成為膾炙人口、影響深遠的好詩。流傳千古的好詩詞、好文章，常常看到借景寫情、觸景生情，甚至於產生情傷，或有些許無奈，而觸動人們心底的波浪。之後定然轉折，以正面的態度，提升至正能量，使大家對於宇宙人生充滿了希望，而產生積極健康的人生觀。如此，才能成就一篇好文章。徐志摩的〈偶然〉也是如此，完美地顯現表達，而讓人回味無窮。

❞　我是天空裡的一片雲，偶爾投影在你的波心──

　　你不必訝異，更無須歡喜──

　　在轉瞬間消滅了蹤影。

　　你我相逢在黑夜的海上，你有你的，我有我的方向；

　　你記得也好，最好你忘掉，

　　在這交會時互放的光亮！　　　　　　　　　　❞

在原詩中，我們揣摩其思緒，略加一些轉折，方便於體會箇中意境。「我的心，就像是天空裡的一片雲，偶爾投影在你的波心」──。雲無心以出岫，正因其無心，而能代表真心。我的真心偶爾投影在你的波心，那種「心心相印」的感動，對你、對我，當然都是令人震撼、令人驚豔的！但是你不必訝異，更無須歡喜──，因為那感動的時刻，在轉瞬間就會消失得無影無蹤。

人生就像是漫漫長夜，而你我相逢在這黑夜的海上，你有你的，我有我的，方向；當你我心靈相逢的時刻，令人感動，永生難忘！過程中的點點滴滴，你記得也好，最好你忘掉，重要的是在這「感應道交」的時刻，相互擦出火花，放出了智慧的光亮！

看看一些膾炙人口的文章，充分展現了「宇宙、人生」，以及其「一體」不可分割的認知。「雲無心以出岫」先寫景，接著說「鳥倦飛而知返」。「滾滾長江東逝水」也是先寫景，接著說「浪花淘盡英雄，是非成敗轉頭空」；如此，借用「景」，引申出「情」，「情景交融在一起」，就有味道了。即使是「英雄好漢」都被浪花淘盡，那些成大功、立大業，大起大落的大事，轉瞬之間已然付諸東流，灰飛煙滅。我們這點芝麻蒜皮的小事，值得大驚小怪，杞人憂天嗎？還是「一壺濁酒喜相逢，古今多少事，都付笑談中」吧。莊子說：「天

地與我並生，萬物與我為一。」沒有宇宙，哪來人生；沒有人生，吹皺一池春水，干卿底事？

讀李白的詩詞文章〈將進酒〉、〈春夜宴桃李園序〉，常常像是打通了任督二脈，使人蕩氣迴腸，身心舒暢。明朝楊慎填的〈臨江仙〉，因為被放入《三國演義》開卷詞之中，與〈三國演義〉故事相得益彰，因而聲名大噪，成為膾炙人口的章句。感悟人生，〈將進酒〉單刀直入，直指人心；〈春夜宴桃李園序〉氣勢磅礡，灑脫自然；〈臨江仙〉高瞻遠矚，簡潔入理；〈偶然〉情意綿綿，動人心弦。每一篇都有深入「宇宙人生」的意境，都是引人入勝的千古佳作。

第 **3** 篇

求學心旅──中學、大學，到研究所⋯⋯082

第 **4** 篇

職涯挑戰──科技公司的磨練⋯⋯122

第 **5** 篇

創業尋夢——人工智能物聯網元宇宙⋯⋯160

第 **6** 篇

生活感悟——科技、人文、佛法與機緣⋯⋯219

第 **1** 篇

尋根
——河南旱災、饑荒與父母因緣

父親出生於貧困農家，而祖母卻是來自書香世家，聽父親說外曾祖父是留學德國的，回國時還帶上一部織布機回老家，因此祖母平時以之織布貼補家用，父親也得以上學讀書。1942 年河南大旱，吃的都沒了，誰管穿的，而且當年河南一千多萬人就餓死了三百多萬人，另外好幾百萬人逃荒到陝西、山西。這中間也有我家的故事，因此到如今父母親的近親還有很多仍住在這兩省。

當年父親家中貧困，不得已只好去報考軍校。但是因經常捱餓，到了十九歲還不到一百五十五公分高，當時踮著腳跟才通過體檢。軍校畢業時，一天走在西安大街上，一位七十歲吃齋的老太太叫住父親，她本想改變父親未來命運，但是因緣不足，遂告訴了父親之後的人生前途方向。父親告訴我們，沒想到，後來的發展還真的完全如老太太所言，就像她能夠看得見似的。造化弄人，難道命運也有定數？

國共內戰，父母親從河南開封逃難到臺灣基隆，步行走了五、六千公里的陸路，船坐了三千多公里海路。這路

程，比之蘇東坡被三貶的「黃州、惠州、儋州」路程，那是辛苦多了。有家，誰願意背著鍋碗瓢盆逃難？亂世兒女，有家歸不得；老人家，憐子心中苦；兒女們，離兒腹內酸。真是情何以堪，祈望而今而後，百姓不要再受戰爭的苦難。

遺憾父親沒來得及看到兩岸通航，母親帶著我們回老家南陽、鄭州，並且拜訪西安及大同的親戚。有一個小小的大驚奇，在西安受親人們招待的餃子宴，我們坐在當年招待連戰的同一張桌子，同樣菜單，而且同一個獻花的女孩，她竟然是我表妹的女兒。

1-1
一棵大槐樹

　　自小在家，父親常常會談些老家的情況及他們逃難時候的故事。老家的風土人情、綠林好漢的點點滴滴，吸引著我的注意。他憑著記憶將南陽淅川縣老家附近的主要山川道路，畫成地圖給我們看。意思是將來回老家要能找得到路，回得了家。因為我是長子，所以更需要知道將來怎麼回去尋根。南陽因地處伏牛山之南，漢水之北而得名。南陽文化悠久，地靈人傑，人文薈萃，歷史上出了四位知名的賢達人士，稱為南陽四聖。指的是：科聖張衡、醫聖張仲景、商聖范蠡和智聖諸葛亮。張衡是渾天儀、地動儀的發明人，被後世尊稱為「科聖」。張仲景著《傷寒雜病論》，它奠定了中醫治療學的基礎。是最早的一部理論、方藥具備的經典著作，因此被尊為「醫聖」。與張仲景同時代的華佗讀了《傷寒論》後，喜曰：「此真活人也。」范蠡則是南陽淅川人士，著名的越

國大夫，後來帶著西施隱姓埋名，改名陶朱公。經商有成之後將財物捐贈給需要的人。三聚三散、濟弱扶貧，被後人尊為「商聖」，又被尊為文財神（武財神是關公）。三國時代的諸葛亮被尊為「智聖」，大家耳熟能詳，就不用在此贅述了。科聖、醫聖、商聖、智聖，他們橫跨了科學、醫學、商業、軍政四大領域，都為推動中華文明做出巨大貢獻，成為中華文化中璀璨的明珠。老家在各行各業出了不少頂尖人物，真是與有榮焉。

小時候清楚地記得父親曾經提過好幾次，他聽老一輩的人口耳相傳，祖先們是從北方的一棵「大槐樹」遷移到南陽的。他也不知道那到底是怎麼回事？一棵大樹在哪裡？怎麼可能找得到呢？我也只是聽聽，沒往心裡去。幾十年來也幾乎全拋諸腦後了。幾年前，心血來潮，上網查了查「大槐樹」。這一查讓我興奮不已，還真有這麼一棵大槐樹！「**洪洞大槐樹，又稱古大槐樹，山西大槐樹，位於中國山西省洪洞縣城西北二公里的賈村西側的大槐樹公園內，是明代的一處移民基地。**」「**洪洞大槐樹移民是發生在明朝早期將山西人口強制遷移到華北地區（河南、山東、安徽、河北）的移民潮。**」沒想到父親早年不經意的一句話，我們還真的找到了這棵大槐樹。我趕緊告訴兩個弟弟，他們也記得父親曾經提過「大槐樹」這件事。真沒想到這還是一棵有名的大樹，

還確實是明代的一處移民基地。這像是發現了新大陸一樣，找到了我們家族的根。這也才讓我想起，我們劉氏家族宗親在十多年前編纂的族譜，是從明朝才開始記載。說不定我們家族還真可能是從山西洪洞縣的這棵古「大槐樹」移民到南陽的呢。「慎終追遠，民德歸厚矣。」我們都不是從石頭裡蹦出來的，每個人都需要知道自己的根、曉得祖先是從哪裡來的。希望到了將來，到了外地，別太丟先人鄉親們的臉。如此，民心自然趨於善良厚道，社會風氣自然回歸祥和樸實。我們也會接著把這個「大槐樹」故事傳下去，勉勵後代子孫好好努力，不要讓老祖宗們逃難的痛苦白受了。

1942年河南大旱
——我家的故事

河南在1942年發生了百年不遇的大旱災，農地大多數是顆粒無收。天災人禍，民不聊生，餓殍遍野，慘絕人寰。據報導在那一年，河南全省一千多萬人口，就餓死了三百多萬人，這可能還是低估了的數字。這個故事，詳述於當代河南知名作家劉震云的著作《溫故一九四二》。之後改編拍成電影《1942》，一開演，就聽到了那熟悉的鄉音土話。電影中，蔣介石問當時的河南省主席李培基，河南大饑荒到底死了多少人？李培基回答，官方統計數字共一千零六十二人。蔣再問，實際呢？李回答，大約三百萬人。這雖然是電影戲劇的「張力」，但在我們看來，心如刀割啊！當年也有三百多萬人逃難到了陝西、山西，中間也包括了我父母親的家人。天災人禍，再加上當年侵華日軍打到了河南，燒殺擄掠，姦淫暴虐，百姓就像是生活在地獄中。

母親說，有一次日軍轟炸開封，大家都往防空洞裡擠。然而防空洞太小，一下子就擠爆了，但是外面的人群還是不斷地往裡推進。母親說她當時離洞口還很遠，於是放棄了進防空洞的念頭。沒多久，日機投彈正好落在防空洞口附近，當場就炸死很多人。沒想到的是，後來發現防空洞裡死的人比被當場炸死的還多。這應該是洞內擠爆了人，本來就缺氧，再加上炸彈造成的氣爆，使防空洞內許多人窒息而死了。戰亂中，生死常常就在那一瞬間。母親家族在開封算是大戶人家，大饑荒加上戰爭，能逃能躲的，大都避難到了西安。大旱災剛開始時，還有大戶人家可以搶，還有得吃。等大家都在逃難的路上時，愈來愈一貧如洗，就愈來愈平等，都一樣可憐了。原先可能還有小米、紅薯；接著吃草根、樹皮，後來將乾樹皮、樹枝磨成粉，當麵粉來吃。最後什麼都沒得吃了，觀音土也拿來吃。明知是會死人的，但是撐死、脹死，總比餓死好些吧。餓得前胸貼後背，本來是形容詞，在大饑荒那些年卻是名詞。當年美國《時代週刊》的記者白修德用他的照相機，讓蔣介石、讓世人看見了當年在河南，人吃人，狗吃屍，慘不忍睹的人間地獄景象。

父親生長於窮困的農家，可說是貧無立錐之地。父親說外曾祖父曾經留學德國，還帶回了一台織布機，教奶奶用機器織布。年頭好的時候，還得靠奶奶織點布貼補家用；碰到

年成差的時候，就苦不堪言了，因為當大家連吃都成問題的時候，誰還顧得了穿呢？老家在豫西，接近陝西、湖北的山窩，地瘠民貧。風調雨順之年還勉強度日，一遇旱澇之災，就苦不堪言了。父親說那年頭有些大戶人家，能引水或是有井水灌溉的農地，還是有收成的。當時奶奶就告訴父親及二叔，可以到大戶人家收割過的麥地裡，看看能否撿到些遺落在田地裡的碎麥子。他們兄弟倆便找了片附近某大戶的農田，在收割過的麥地裡，辛苦地撿了一整天。到傍晚太陽下山時，竟也撿拾了一個小布袋的雜麥。

正要準備回家時，此大戶人家的家丁們看到兩個孩子，提著一個袋子從他們的麥田裡走出來，就硬說兩人偷東西，把他們抓起來送到了派出所。警察大人們問問案情，也覺得可疑，並準備先拘留兩個孩子。這時候奶奶及長輩們聽說了，都趕到警局，一時之間也辯解不清，大夥兒急得團團轉。父親說奶奶畢竟是讀過書的人，她問警察說：「如果是在收割過的麥地裡撿的，是不是就不算偷？就無罪？」警察說：「是的，但是妳怎麼證明是撿的，而不是偷的呢？」

父親講這段故事，是在臺灣臺東鄉下的老屋裡。當時風還從木板牆的縫隙中吹進來，小雨滴也從屋頂側面斜飄進來，屋外的風雨增添了屋內的寧靜。全家一起過節吃晚餐的時候，聽到這兒，只感到空氣都凝結起來，即使是一根針掉地上，

都可能嫌太大聲了。父親喝了口酒,接著說,奶奶當時對所有在場的人解釋:「是我讓孩子們到收割後的田裡,撿些遺留下的碎麥子。麥地很大,田地水土、良劣不一。如果是地上撿的,應該是雜色的,甚至帶著雜草、雜土的;如果是偷的,那應該呈清一色的、顆粒大小一般類似的。」圍觀的眾人都同意,覺得奶奶說的有道理。警察於是把小布袋裡的麥子倒在地上,果然是雜色的、帶著紅黃土及雜草的。當時在警察局的一家人抱頭痛哭,隨後奶奶便帶著她兩個兒子及那袋撿來的小麥回家了。記得父親當時對我們幾位兒女說:「古有『安安送米』,今有『廣林拾麥』。」(廣林是父親的小名)。我們不知道「安安送米」的故事,想必兩個講的都是苦命人被冤枉誤會,而後真相大白的事情。聽父親講完自己這個淒苦的故事,在臺東的一家大小都淚流滿面,哭成了一團。

1942 年河南百年不遇大饑荒,天災、人禍、外患、內亂,悲慘效應的加乘,即使是我家的小故事,父親平淡直述,娓娓道來,就嗆得我們夠受的。可想而知,那背後的大故事有多可怕。三百萬人餓死,遍地死屍;災民逃離家園,成百萬、上千萬的人流離失所;吃草根、吃樹皮、吃觀音土,垂死掙扎。《1942》電影中賣兒、鬻女,賣老婆換吃的,到最後只有十五、六歲的年輕姑娘還可以賣到幾個饅頭錢。張國立演開封省城的大財主,大年三十,賣他那年方十七歲,讀過書、

上過學的閨女，只為了讓最後家中三個人都有一口飯吃，能夠活下來。他悲痛地說「辱沒先人啊」，這場景真是讓人鼻酸。此情此景真是慘絕人寰！其慘烈的情況，文字語言是難以形容的。最近在網路上看到，拍攝《1942》電影過程中，導演劇組為了演出能夠展現更真實的情景，要求演員們要真的捱餓，期待反應得更逼真。沒想到主角張國立因此不說話了。為什麼不說話？他說，因為餓到一個程度，不想說話。只是演戲，尚且如此；真的完全沒有食物，餓到前胸貼後背的時候，不說話了，說不出話了，連淚水都沒有了，只有無語問蒼天。父親那時候才十幾歲。因為河南東邊、南邊多半已經被日軍佔領了，難民潮大多往陝西、山西逃生。到今天在山西太原、陝西寶雞、西安，還有不少父母親的弟妹家人住在那裡。後來在臺東家中米缸的外面，每年春節一定貼上「米麵滿缸」，父親希望全家人不要再捱餓，現在回憶起來還是感慨不已。

1-3

父母因緣
——西安老太太神奇預言

　　沒有父母的因緣，也不會有今天的我們，小時候父親常說起一段他與母親相遇之前的奇遇故事。約莫 1947 年，父親二十四、五歲的時候，從當時的西安軍校畢業，正在等待著分發部隊任用。有一天，他在西安的大街上閒逛，走著、走著，路旁有個老太太突然對他喊道：「官長、官長，你等一下。」父親當時年輕氣盛，正是意氣風發的時候，可能走路都有風，聽到老太太這一喊，倒是有點愣住了。

　　老太太接著說：「官長、官長，你坐下。」她指著旁邊的凳子要父親坐下，父親穿著筆挺的軍裝，哪裡肯聽她指揮說坐下就坐下。父親便說：「有什麼事兒，妳說就是了，我不坐。」老太太還是堅持地說：「官長，你坐下。」僵持了一會兒，老太太說：「你再不坐，就坐不住了喔！」父親還是堅持不坐。又過了一會兒，老太太說：「你現在想坐也坐

不住了，剛才你本來有機會往西北走，可惜你失去了機緣。你現在開始會往東南走，很快會碰到你的太太，她長得個子高高的，受過良好教育。然後你們就一路往東南走，一直走到中國東南最盡頭，沒有土地了，沒法再走了，才會停下來。」

老太太說：「我七歲吃齋，今年七十歲了，剛才無意中看到你的前途因緣，想指點你一條較好的路，無奈緣分不足，而錯失了機會。」父親回過神來，原來她剛才是在預言自己的命運前途，趕緊問自己將來的休咎吉凶。老太太簡單說了些大方向，父親這時若有所思，也似乎有點後悔剛剛不聽老人言。父親告訴我們，當時他確實有兩個機會，一個是分發新疆，可以連升三級；另一個是到開封單位下部隊。結果分發的時候，父親還是選擇了比較平穩的機會，到開封的部隊報到。故事講到這兒，我們幾個兄弟姊妹同聲地說，「好險！不然就沒有我們了。」

也真是因緣巧合，外祖父正是開封那個部隊的部隊長。電影《1942》有些情節還真像是當年父母親在老家的故事，外祖父是開封省城的大戶人家，房產田地甚多，家境富裕。母親是西安玫瑰女中畢業的，接受西式的教育，作風比較開放，思想上應該算是前衛的。父親當年軍校剛畢業，年輕有為，算是英姿煥發的青年才俊，所以很快便得到外祖父的賞

識。經過母親的點頭同意，便央人說媒想把女兒嫁給他。可是父親當時卻拒絕了，原因是家境極為貧寒，老家連年荒旱，父母家人衣食都無以為繼，就指望他那一點糧餉接濟，自己哪敢有娶妻成家的念頭。

當年家中生活是如此貧苦，父親不敢奢想結婚是理所當然。可是外祖父豈肯輕易放棄，便找了父親在軍校要好的同學中，口才最好的一位來說項。

那位同學口才便給，開口便說：「你家境困苦，自然想幫助家人早日脫離困境。」接著這位同學提出一個問題：「如果今天你有親人掉入一口深井裡，你是自己跳下深井去救他們呢？還是弄根繩子將他們救上來呢？」

父親說：「當然是弄根繩子將他們救上來囉。」

同學便說：「是啊！但是今天有人給你一根繩子救人，你卻固執不用！這是為什麼？」

「噢！」父親突然無言以對，同時也想通其中道理。不久便在開封，經正式媒妁之言跟母親結婚了。母親畢業於當時的西安玫瑰女中，受過西式教育，身高167公分，滿符合之前西安老太太的描述，難道因緣真有定數？

父母親說，當年國共內戰，打開封保衛戰的時候，共軍炮火非常猛烈。正在共軍攻城之際，父親陪同外祖父，上一棟高樓屋頂指揮作戰。父親在高樓周邊看到連續落下了幾枚

迫擊砲彈，迫擊砲是一種高彈道弧線的曲射火砲。當下父親拉著外祖父，死命地往樓下衝，還沒回過神來，一枚砲彈已然打中了樓頂。父親有點得意地說，這是學校教過的。因為早年的迫擊砲精準度很不好，不得已而用好幾次試驗瞄準的射擊操作方法，這個臨場的靈感同時救了他們兩人的性命。

父親接著說，當時在開封城內國共兩軍已經進入巷戰，大夥也都跑散了。不一會兒，父親感到身後有一串機關槍掃射的聲音，回頭一看，機槍已經掃射到背後的地上。說時遲，那時快，父親一個轉身往另一條巷子跑了。

我們做兒女的，聽這故事比父親還緊張，還好他逃過一劫，不然我們兄弟姊妹就得到別處投胎了。父親後來回想，機槍掃射隨便也可以打到自己身上，為什麼好幾次掃射都沒有被打到？感覺有點神奇。剛開始是往怪力亂神方向來想。後來的結論是，可能那個機槍手並不是真想射殺父親吧，還好有老天爺保佑。

1-4
國共內戰，一路逃難

後來開封淪陷，父母親就跟隨部隊「轉進」，名之為轉進，其實就是一路逃難。從河南、湖北、湖南、廣西，一路上有無數難民跟隨部隊一起走。部隊上的人還有軍糧可吃，不至於餓飯。自己逃難而餓死的人就非常多，沿途路邊都是病死、餓死、倒下的人。聽母親說，沿路上，部隊裡的大老粗，只要給一個饅頭，就可以帶上一個黃花大閨女。餓啊！活命要緊。

逃難到了湖南衡陽附近，大概部隊走得比較快，母親跟著的軍眷隊伍和大夥走散了。這時候在城外遇到一群土匪打劫，婦女們都找附近人家躲起來，母親也躲進了一戶人家的院子裡。這時候聽到土匪們已經到了附近，心想這下子碰上了，一定會被搶劫一空。那怎麼辦呢？母親逃難前，家裡準備了一串金疙瘩，是用長布袋繫在腰間。古代形容有錢人，

誇張地說腰纏萬貫，母親卻實際地腰纏著這些值錢的金疙瘩，方便逃難。緊急間，母親看到附近正好有個雞窩，於是將這些金疙瘩全倒進雞窩裡，然後再蓋上些稻草。

我們幾個兒女們，聽著這個故事，心眼都盯著那個雞窩，在旁邊跟著緊張起來。土匪進來後，搶走了錢財、首飾、細軟，沒有人注意到雞窩。母親說這袋金疙瘩，從湖南、廣西，到越南，一路上用來和當地人換取食物、衣物，看醫生、買藥材。逃難救命的時候，就金子管用。

戰爭的可怕與痛苦，經歷過的人，刻骨銘心，椎心之痛永生難忘。二戰及國共戰爭結束已經超過七十多年了，那幾代的人大部分都已經離開了人世。當戰爭打到自己家園身邊的時候，房地產、鈔票、股票還有什麼價值呢？螻蟻尚且偷生，逃生保住小命要緊。這些金子在我出生之後不久就用完了，我們都夢想母親當年若能多帶一點出來該有多好。

父母親逃難路上，偶而有些路段，會有火車往南邊走。聽他們所描述軍民搶搭火車，逃難時爭先恐後的場景，就像電影《1942》所演河南災民往陝西逃命的情節一樣。難民拚命地擠進任何一丁點可能的空間，甚至於搭幾根棍子，綁在火車夾縫之中，勉強吊著擠上了火車。父母親說有一次火車開動之後，他們親眼看到有個人在推擠中掉到鐵軌上，火車將他攔腰輾過。因為一切發生得太快了，此人還舉起手來說：

「你們拉我一把呀。」父母親說大家看到這人身體已經被輾成兩段，怎麼救啊？當時車上有個人對他說，你看看自己，怎麼救啊？落軌的人，頭還能轉動，眼睛看到自己身體已經斷成兩截。他「啊」了一聲，原來輾斷卻沾黏在一起的腰身隨即崩開，此人便斷氣了。大概是餓得「前腹貼後背」，快成皮包骨，腰腹部沒什麼厚度了，才會發生這樣可怕的事吧。此情此景，連電影都沒看過。

後來父母親跟著部隊，從廣西南寧，翻過「十萬大山」進入越南。這十萬大山，真的是在廣西省東南部的一座山脈，以東北、西南走向到越南邊界。全長二百餘公里，主峰高一千四百多公尺。我小時候一直以為十萬大山是形容詞，要翻過很多大山。雖然事實上也是如此，只是這山名取得也太神了吧！聽父母親說，逃難的時候，聽到這山名，腿都軟了。當年有幾十萬的軍民，攜家帶眷，背著鍋碗家當，一路辛苦逃難，遇到這十萬大山，更是走不動了。

當時部隊裡群龍無首，眾人推舉了黃杰將軍帶領全軍往越南前進。1949 年底，國民黨兵敗如山倒，部隊高階將領戰敗的比比皆是。母親說，看到黃杰將軍沿路騎著馬，剛開始的時候，他用湖南腔高聲地喊著：「走不動的，慢慢走。走不動的，慢慢走！」後來眼看共軍快追上來了，改喊：「太太娘子們，快走啊！共產黨來了啊！」上了這愁死人的十萬

大山之後，山路又小、又崎嶇，最後連馬也沒辦法騎了，黃杰也跟著大家一起走路。十萬大山是荒煙蔓草，沿途都是毒蛇猛獸，加上共軍追擊炮火猛烈，一路上損兵折將，死傷無數。共軍為了要趕在國軍抵達中越邊界之前，將大部隊攔截下來，於是派遣了一支特遣部隊，急行軍追趕，一下子就接近了逃難的大部隊。怎麼辦呢？黃杰於是下令番號「一百軍」的部隊誓死抵抗，要死守不准後退一步！父親說，雖然號稱是一個軍，實際上連一個師的兵力可能都不到。這一百軍已經是僅剩的，還可以作戰的兵力。軍令如山，同時要保護自己的家眷，全軍拚死命抵抗，打得轟轟烈烈，血戰了三天三夜。這三天的時間，使得好幾萬軍民混合的大隊伍，得以安然抵達中越邊界。

幾天後，消息傳回來，一百軍戰到最後，全軍戰死，沒有一個活著回來。戰亂中，雖然大家心裡多多少少都有點底，但是這一場戰役還是太震撼了。一百軍所有的家眷，一夜之間，全部成了孤兒寡婦。許多的太太們，哭天搶地，大罵為什麼是犧牲我們的丈夫來保衛你們？為什麼不是別的部隊？為什麼不是全軍一起抵抗？這些太太們，有幾位還是母親的同學、好朋友。她們後來不得已，也都改嫁了。母親還帶我見過其中兩位，並且特地交代我，別多說話，因為她們都有了新的家庭。戰爭的可怕，苦不堪言；逃難的辛酸，生不如死，

亂世兒女的遭遇，點滴在心頭。我們這一代比較幸運，沒有
受過上一代人戰亂的痛苦。沒有親身經歷他們受過烽火連天
的苦難，然而只聽這些故事，就讓我們心有戚戚焉，感觸良
多。

當年越南還是法國的殖民地，是法軍的佔領區。1949 年
12 月，國府和法國簽訂了「峙馬屯協定」，使這些軍民得以
進入越南。協定要求所有要入境的中國軍人、部隊一律要繳
械。而且軍官們都要取下官階符號，想必是避免法軍還得向
這麼多國軍將校敬禮吧。父親說，那些繳交的武器、輜重堆
得像山一樣高。面對如此場景，部隊同袍們當然傷心至極、
萬般無奈，眾人都痛哭流涕、泣不成聲。沒想到這只是三年
半異域苦難的序幕。部隊進入越南之後，法國接到了中共的
強烈抗議，法軍也隨之動搖，「峙馬屯協定」便大打折扣，
後來甚至被中止了。

這時候軍民被移到越北蒙陽和萊姆法郎兩地，設立了集
中營，黃杰及一些高級將領則被軟禁於河內。當時法軍自顧
不暇，哪管得上這些難民？蒙陽和萊姆法郎兩地營區。雖然
都是國府的部隊，但因來自不同省分，地域觀念作祟，引發
內部不同省籍軍人械鬥。再加上生活環境惡劣，缺衣少食，
有許多軍民一個個倒下了。後來法軍擔心這麼龐大的軍民隊
伍難以管理控制，遂將一部分軍民移到金蘭灣（多半是流亡

學生及零星部隊約五千多人），將高階將領及其眷屬移到西貢，將大部隊及眷屬、好幾萬人轉移到西貢外海，越南的最大島「富國島」（接近六百平方公里）集中管理。為了管理方便，也為了避開中國南、北方的省籍對立問題，劃分為在島西的陽東（北方、中部省分部隊）和島南的介多（兩廣、雲南部隊）兩個營區，父母親是被分在陽東營區。

　　孤軍進入富國島上，部隊重新「整軍經武」，出操時阿兵哥們拿著木棍、竹桿當作槍枝。雖然衣衫襤褸，但是個個精神抖擻、士氣高昂。難民營區升起了青天白日滿地紅的國旗，當國旗冉冉上升的時候，幾萬軍民無不熱淚盈眶、涕泗滿面。這個時候，逃難時相互扶持的同袍，已經有一半以上再也看不到這升旗的場景了。雖然已經落魄至此，場面架勢還是得撐著。集合結束之前，還是要喊口號。國民黨人稱孫中山為「總理」，最後一句口號是「總理精神不死！」父親說，有一次阿兵哥司儀太緊張喊出「總理不死！」。旁邊的人趕緊提醒他，還有「精神」。這位阿兵哥馬上振臂高呼「還有精神！」真是神來之呼，笑壞大家，但是也振奮人心，暫時忘了痛苦。

　　一路轉進逃難的，當年都是年輕人，誰知道變化會如此之快，而且是如此痛苦的經歷呢？在戰亂中，生命無常，世事難料。一切變化像是快速放映的電影銀幕，老母親在老家

依閭而望，望兒早歸，望眼欲穿，卻音訊全無，憐子心中苦；兒女們漂泊在外，流浪異鄉，流離失所，有家歸不得，離兒腹內酸。

富國島當年非常荒涼，到處都是荒煙蔓草、蛇蠍毒蟲。父親說他曾經打死一尺多長的蜈蚣，後來有人說，這麼大的蜈蚣頭上可能有夜明珠，可惜了。好幾萬的軍民被放逐在島上，得自己披荊斬棘，砍樹木、鋸竹子、割茅草，以泥巴糊牆，來蓋軍營及民房。夏天天氣炎熱，日子還好過些。到了冬天雨季，再遇到寒流，屋頂漏著雨，牆壁透著風，溼淋淋的衣服、被子永遠蓋不暖。雖說是「難民營」，但是軍民人數太多，食衣住行大都得自食其力。耕種、養殖、拓荒、開路，樣樣都得自己來。因為生活環境非常惡劣，即使是年輕力壯的阿兵哥，也抵擋不了病毒的侵蝕，承受不住缺衣少食、飢寒交迫的煎熬。一個又一個地倒下，每天都有很多人被送上山埋了。父母親說，當年死亡的同袍家人，從山腳下一路埋到了山頂，幾乎到了無處可埋的地步。當時生活之痛苦，是承平時代長大的人難以想像的。

母親後來懷了身孕，為了增加一點房子的空間，父親自己上山去砍一棵不小的樹。費了九牛二虎之力，終於將樹砍倒了。可是倒下的樹，不偏不倚正好砸在他身上。父親昏過去了大半天，醒來之後對樹說：「你砸我，我非把你拉回去

不可。」硬是一個人連拖帶拉，將整棵樹搬回營地。在家著急等待的母親聽了這事，嚇出一身汗。沒多久之後，生了個女孩。雖然是喜事，母親卻得了「產後風」。沒有什麼奶水，更沒有牛奶，只得煮些很稀的米湯當奶水來餵食。當時簡陋又不能遮擋風雨惡劣的環境，加上沒有營養的飲食，即使大人都受不了，何況是初生嬰兒呢？兩星期後，我唯一的姊姊夭折了，也埋在島上的山坡。

折騰忙碌了好幾星期之後，父親感覺到胸口疼痛，便去找部隊上的醫官看看。當時隨隊的軍醫多半都是半路出家，甚至於只受過簡單的醫療訓練。這位軍醫朋友推薦父親去看每週來部隊看診的法國醫生，法國醫生檢查後，照了片子，得等一個星期後再來看結果。第二個星期，醫生在報告上寫了 NOP 三個字，便請父親離開。父親不明所以，便去請教醫官。他看了看說：「我也不知道 NOP 是什麼意思，但是我知道 NO 是不好，那麼 NO 加個 P，應該是更不好了。」這下子父親心口更加疼痛了。又過了一星期，再掛診請問法國醫生，這 NOP 是什麼意思。透過翻譯寫下「心肺正常」，這下子心口疼痛也不藥而癒了。多年後父親偶而會對我們提起這個故事，說明什麼是當年軍中的「蒙古大夫」。

轉進越南富國島的軍民，皆來自中國各個省分，從北方各省、長江流域到南方各省都有。有正規軍，有臨時湊編的

雜牌軍，有被拉夫的伙頭軍、勤務兵。家眷有的是從家鄉帶出來的，有的是沿路遇到跟上的。只是連年烽火，家破人亡、風雨飄搖之中，孤軍遺民只能在異域的風中哭泣。平常沒事，閒著也是閒著，因而內鬥不斷。但是大限抉擇的時候，要回到哪裡去呢？腦袋就得靈光些。黃杰將軍面對各種不同的聲音及想法，不斷地折衝於國府與法國之間。

1950 年 6 月韓戰爆發，國際局勢變得更為複雜，這批異域孤兒回家的路變得更加遙遠。一轉眼，又一年多過去了，談判一直都沒有什麼進展。長期失望的等待，激起了軍民的怒火，零星的抗爭事件開始變成集體示威行動。1951 年底，軍民以血書展現「赴臺」的決心，而且發起大規模絕食運動。軍民、婦女、小孩全部參加三天絕食，互相監察，只能喝水。已經瘦弱不堪的幼兒哪能受得了呢？有位中校軍官（徐英先生）的太太準備煮個雞蛋給孩子吃。這位軍官卻說，妳如果給孩子吃，我就自殺！這位可憐的女人，一邊是瘦弱捱餓的孩子，一邊是誓死如歸的丈夫。自己餓著肚子，還得面對難友們求生存的掙扎。心中悲苦，孰能知之？如此慘劇，孰令致之？這個場景可能只有在戰亂絕望時看得到，承平時期是難以想像的。

富國島上有一條廢棄了的火車產業道路，大夥兒將鐵軌拆下，打成了鋼刀，準備和法軍力爭到底。有一把一尺半長、

鐵軌打成的鋼刀，父親帶到了臺灣，在我們家中用了幾十年，都捨不得丟掉。多次搬家後，現在已經找不到了。因為島上法軍人數少得不成比例，嚇得全部逃回越南大陸去了。那次抗爭行動引起了國際的注意及輿論壓力，也因此得到法國政府和國府高層的重視，開始改善難民營的待遇，也開始討論讓這批人員回臺灣的可能性。法國夾在國共中間，最後還是決定讓大部分的人由國府處理接到臺灣。

1952 年中，國民政府與法國達成最後交涉。國府成立「赴臺計畫」，一年之後，1953 年 5 月，安排軍艦、商船，分批接運這批軍民到臺灣。父母親說，他們是最後一批人，在 6 月中搭上三艘當年運送外銷香蕉的商船。因為人數實在太多，所有的人都爭先恐後上船，大家都拚了命地擠，搶著上船。那個時候母親懷著我，已經有六個月的身孕，動作比較慢，也不敢太用力推擠。母親說她幾乎是最後一個上船的。父親先上了船，然後拉著母親的手，一把往船上拽了上來。一瞬間，船隻便開離了岸邊，母親還有半個身子在船外面。船開了，岸上還留下一些上不了船，驚慌失措，哭天搶地的軍眷家屬。

父親說，當年有少部分的人回了大陸，另外一小部分人留下來在越南落地生根。這個故事情節相對於最驚險刺激的戰爭逃難電影，也是有過之而無不及。當時的我不但在現場，

還是在母親的肚子裡，只要差半步，說不定我就留在越南了。
因為擠上船的人數太多，大家都站著時，還擠得下；但是當
躺下睡覺時，問題就嚴重了。為了節省空間，所有的人都得
側身睡，而且得男女分開，都得前胸貼後背才睡得下。然而，
每個人睡覺都需要翻身，母親說，翻身時會喊口令，大家一
起翻一百八十度，才不會有些人尷尬地面對面貼著睡。雖然
三艘香蕉船有軍艦護送，因為在海上航行時遭遇到共軍飛機
的偵蒐，為了避開衝突，三艘船繞了很大的遠路，在海上緩
緩行進。原先規畫從基隆上岸，但因在海上已經漂流十餘天，
燃料不夠了，改在高雄上岸。再轉火車到基隆暖暖，借住於
暖暖國小的教室。

　　這一路上折騰得忘了肚子裡還有個人，母親這時候才想
到好像有好幾天沒有胎動了。頓時父母親都忐忑不安，生怕
小產了。當時母親雖然心裡七上八下，也不知道該怎麼辦，
只好先睡一覺再說。第二天早上，母親到暖暖街上買了熱騰
騰的早點，吃過後才開始感覺有了胎動。不知是母親餓昏了，
還是我也被搖昏了，戰亂之中的人命真是一文不值啊！兩個
多月後，我在基隆市立醫院出生。那時候正好遇到颱風，大
水迅速淹進了醫院，水愈積愈高，護士小姐看情形不對，趕
緊將嬰兒都一一交回給各個母親。母親一眼看出護士小姐抱
來的嬰兒明顯小了一號。翻開手環上的名牌，竟然和母親同

名，還好不同姓，趕緊請護士小姐換回來。這時候大水已經快淹到床邊，怎麼辦？母親說她將我放入了洗澡盆裡，如果被大水漂走，還會有一線生機。幸好不久水就退了，保住了小命。這個故事，後來在家中被開玩笑，說我就是抱錯的。

當年好多萬的軍民，失散死亡了大半，回到臺灣的軍民只剩下三萬多人。政府在臺北、中壢、臺中、臺南、臺東設立了五個「赴臺新村」，後來為了紀念這批人從富國島到臺灣，而改成「富臺新村」。黃杰將軍在國民政府戰敗大撤退之時，顛沛流離、吃盡千辛萬苦，帶回臺灣幾萬的軍民，算是大功一件，蔣介石稱之為「海上蘇武」。之後他一路官運亨通，擔任過陸軍總司令，晉升至一級上將、國防部長，並曾轉任臺灣省省主席，這算是國民政府對他的回報。黃杰在省主席任內，1962 年在高雄澄清湖設立了一座富國島的紀念碑，我後來就讀高雄中學的時候還去參觀過。1969 年黃杰也在越南的富國島上立了紀念碑，表達對這批在島上亡故苦難軍民的追思。時光無聲無息地流逝，只留下風中孤寂的石碑，聽著早年「留越」孤軍將士在異域哭泣。

到臺灣之後，父親便補念了中央警官學校的大學學位，然後很快地申請轉任公務員。我兩歲後，全家搬到臺東海邊，父親從 1955 年一直在臺東住到 1985 年，因病離開公職，才全家搬到臺北。臺東海邊，真的是中國東南最盡頭的土地。

而且父親當年還得經常去綠島、蘭嶼出差,因為那邊的漁船民防訓練是歸他的職務管轄。這「一直走到中國東南最盡頭,沒有土地了,沒法再走了,才會停下來」還真應了 1947 年,父親在西安街上碰到,吃齋六十餘年,當年已七十歲老太太的預言。世事難料,卻有人能預見幾十年後,可能發生的人與事,這只得一個玄字了得。父親每每提到這個故事,常嗟嘆造化弄人,當年在西安的老太太,怎麼說得那麼肯定,而且準確地預言呢?真是不可思議啊!

父親中年以後,生活稍微安定些,發奮苦讀。四書五經、古文詩詞、諸子百家、《史記》、《漢書》、《資治通鑑》等,各種中華文化中重要典籍,多有涉獵。我在旁邊耳濡目染,也受益良多。聽得懂父親所講的讀書心得,是從小學五年級到高中,前後大約有七、八年的時間,那正是人一生中記憶力最好的時候。而父親會說給我們聽的,多半是中華文化精華中的精華。一直到現在,有許多還是印象深刻,有些還能琅琅上口。到了中年以後,前一天背的,第二天就記不得了。所以古人教學,在童年到少年時,多多記誦,多背一些好文章、好作品,終其一生都可以受用不盡,確實是相當高明的教育、教學方式。

韶光易逝,日月如梭,轉眼之間,兒女也長大成人了。老兵們珍藏著的那張「戰士授田證」,本來期盼有一天能卸

甲歸田，重回日出而作、日入而息的正常生活，也灰飛煙滅了。後來兩岸開放通信，才知道老奶奶因為想念兒子而哭瞎了眼，含恨而終。父親自此終日借酒澆愁，以淚洗面。一個人書讀得再多，道理再明白，也蓋不住那骨肉分離、思念父母兒女的椎心之痛啊！「憐子心中苦，離兒腹內酸」，當年到臺灣時才二十多歲的青年，一個個壯志未酬，身已入土。

看到前面父母親從中原，經華中、華南、北越、南越、到富國島，再到臺灣，五千公里步行逃難、三千公里漂洋過海，過程中的苦難，自不待言。然而他們一路上卻見到更多因為戰亂而慘絕人寰、不忍卒睹的故事。亂世兒女淒風苦雨的遭遇，沒有經歷過，誰人能知？誰人能有感？當年國府的另一支軍隊，從雲南退居泰緬的「異域」孤軍，後來的經歷及結局更加慘烈。《異域》拍成電影，觸景生情，我每次看了都熱淚盈眶，不能自已。

2023 年春節到越南峴港旅遊，聽當地的導遊說，上個世紀，越南經歷超過半個世紀的許多次戰役，導致男丁大量減少，最慘的時候，男人約只有女人的四分之一。經過了好幾代的鼓勵生育，睜隻眼、閉隻眼，允許一夫多妻，重男輕女、可以多生男丁，到今天人口大幅度增加，而且男女比例漸趨平衡。2019 年的普查，將近一億人口，平均年齡只有二十九歲，70% 人口低於三十五歲。越南經歷了長期內鬥爭戰、法

軍殖民戰爭、美越戰爭、南北越戰爭，再加上中越戰爭，男人赴湯蹈火、裹屍戰場。這個淒慘的故事中，死的男人極多，留下了無數寡婦孤兒，苦的女人更多，還得照顧老的、小的，真是情何以堪。「以古為鏡，可以知興替；以人為鏡，可以明得失。」如何避免戰爭，不但要有高明的智慧，更要多讀書，明白道理，多瞭解歷史之來龍去脈。不管在哪裡、哪個時代，戰亂總是恐怖可怕的，而且如果引發的是世界級的核子大戰，後果就真是無法想像了。

緬懷過去，期望將來；但願，全世界各地都能免於可怕的戰火，使百姓都免受生靈塗炭之苦。父母親當年在富國島住的是難民營，而今富國島已然開發成為高級的觀光勝地，五星級飯店林立，陽光、沙灘、海水浴場、風景、美食，美不勝收。我們如果有機會去越南富國島看看，應該是住高級觀光飯店吧。人生旅途，短短幾十寒暑，從近處看，滄海桑田，青山依舊在；從遠處看，物換星移，幾度夕陽紅。

補註 --

　　2024 年 12 月底，在本書付梓之際，為了完成尋根圓夢，帶著家人自由行，一起到富國島旅遊。住的是五星級飯店，這跟當年父母親住的難民營，當然有天壤之別。

　　第二天，頭一件事便是安排去陽東的「中華民國留越國軍病故官兵眷暨義民紀念碑」。沒想到包車公司不願意載我們去紀念碑所在地，原因是那個地點太落後，觀光當局不建議去那裡，他們也不想違規。我們只好臨時找計程車過去。靠近紀念碑的道路果然狹小，車輛不易進出，石碑地點夾在簡陋的房屋中間，約莫 5 公尺 ×5 公尺的大小。

　　陳年的石碑，雖說之前也曾有人修繕過，上面的文字已然相當斑駁。當年倉皇撤退的國軍官兵及一起逃難的家眷多半是二十出頭的年輕人。時至今日，期間一個跟著一個，幾乎全都走光了。歲月留下的痕跡，使人感受到有如風中片片落葉的飄零，令人不勝唏噓。

1-5

西安獻花連戰博士 的女孩

　　父親是早年由西安軍校畢業，母親也曾經在西安上過學，他們都在那裡住了很多年。母親很多親人後來也都從開封搬到西安，到現在都還住在當地，所以我們家對西安特別有感情。聽母親說，外祖父家原是滿州貴族，世居開封，家境富裕。母親從小就上新學堂，後來被送到西安上學，進入著名的天主教學校玫瑰女中。當年女性能上學，已經算是幸運兒，能夠進洋學堂，在那年代更是鳳毛麟角。母親從玫瑰女中畢業後，好像還參加了當年抗日戰爭的號召「一寸山河一寸血，十萬青年十萬軍」。父親開母親的玩笑說，母親當年是個血性青年，政府到學校招人，母親第一個站起來說「我去！」，我們也不知道是真的還是假的？

　　母親結婚的時候不到二十歲，婚後不久就離開了開封，一路跟著父親逃難，走了中國好多個省，然後從廣西的十萬

大山進入越南。1953 年從越南富國島坐著運香蕉的大船，由軍艦護送到了臺灣高雄，然後轉往基隆，我便是當年在基隆出生的。小時候，每隔一年多，母親就上醫院生產，一連生了六個弟妹。母親整日為了家庭、為了子女，操持家務、茹苦含辛。雖然生活苦了點，但是一家人生活在一起，其樂也融融，而且子女都受到良好教育，還是感到欣慰的。父親公務員微薄的薪水要養一家九口人，月月寅吃卯糧，入不敷出，東借西湊，捉襟見肘。在維持家計上，母親也挑著重擔，經常得幫人織毛線衣、裁縫衣服來貼補家用，幾十年如一日，雖然沒有怨言，但是我隱隱約約感覺到，母親似乎有點遺憾。她的同學或校友，大部分都事業有成，在職場上表現傑出。而她年輕時逃難，中年被七個孩子拖累，覺得自己受過比當年一般女子好很多的教育，而才華卻無用武之地，多少覺得有點懷才不遇吧。

我小學畢業的暑假，跟著鄰居們到處打零工，賺點錢幫助家用。整個暑假像放牛吃草一樣，心都散亂了。記得進了初中，第一次英文考試只考了四十四分。我把考卷帶回家難過地說，別的同學暑假都先補習過，我什麼都不會，一肚子的委屈全宣洩了出來。母親拿著卷子說她來教，她畢竟是一流的洋學堂玫瑰女中畢業的，有不錯的英文根底。幾個星期下來，我的英文成績大幅地進步。看到母親的英文能力不錯，

也引起了我對英文的興趣，打下了英文的基礎，母親還是我的英文啟蒙老師呢。

河南在 1940 到 1960 年代經歷過許多次的大旱災，逼得非常多的河南老鄉逃往陝西，母親家族很多人也都從開封遷移到陝西寶雞及西安。我二姨及四姨到現在都還住在西安，三姨後來嫁到廣州，目前還住在那裡。多年前，臺灣的連戰先生曾經訪問他陝西老家，在西安受到熱烈歡迎。從電視上看到有一群小孩子高喊：「連爺爺，您回來了！」當時有個可愛的小女孩獻花給連戰夫婦。電視轉播得很清楚，我也留下很深刻的印象。

2007 年春節假期，母親帶著我們全家大小，到西安與家族親戚們見面。堂哥還特地從南陽老家趕到西安，幫我們租了輛小巴士，一路帶著我們到處遊覽。我在西安城裡見到了兩位姨媽及幾位表弟妹，那時候才知道當初獻花給連戰夫婦的小女孩欣欣，竟然是我的表外甥女。實在非常意外，事前完全沒有人提過，真是一家人不識一家人。他們同樣也以之前國家級款待連戰的規格，同一間餐廳，同樣的西安飯庄（西安事變時周恩來宴請張學良的地方），同樣的西安餃子宴，還特意安排讓我們坐在連戰夫婦坐過的同一張桌子，而且還是由同一個小女孩──欣欣來獻花。太意外了，太特別了！這個場景，是怎麼也意想不到的啊！

老家成丹江水庫

2008 年之後，我有幾次機會回到南陽老家尋根，聽堂哥說，祖父及二叔都在1958、1959 年，又一次大旱災、大饑荒中餓死了。他自己當年是七、八歲，也差一點餓死。堂哥說當年很多人也是吃觀音土脹死了，甚至於有活人吃死人的事情發生，這又跟電影《1942》所描繪的如出一轍。那些年，河南鄉親的生活，真是苦不堪言啊！

第一次回到南陽邊陲的淅川縣老家，位於河南、湖北、陝西三省的交界處。該地青山綠水、風景怡人。但還是可以感覺到老家地處偏僻，山地多而平地少，居民生活比較清苦。想起小時候父親曾說，老家自古是出「綠林好漢」的地方。管仲說：「倉廩實而知禮節，衣食足而知榮辱。」有頭髮，誰願意當禿子？民風剽悍實在是因為土地貧瘠，經年荒旱，百姓生活極為困苦所致。堂哥對中國歷史、地理及當地的人

文民情、名剎古蹟都如數家珍、瞭若指掌。他安排我們住在「楚都大飯店」，說淅川縣曾是古代楚國的都城，為了紀念這個歷史，故飯店以之為名。聽了幾十年的「楚漢相爭」，沒想到的是，老家竟然曾經是楚都。

堂哥、堂妹帶我們回到原來祖厝的地方，淅川縣老城，當時所有的房子及建築物都已經拆光了。堂哥說，再過一年，這整個地區都將會淹沒在水庫裡，所以地上只能種些葉菜及短期的莊稼。這時才知道老家正是中國有名「南水北調」的源頭──丹江口水壩所在地。我跟弟弟裝了一罐當地的泥土帶回臺灣做紀念，並將這罐故土跟父母親的骨灰罈放在一起，聊慰他們思鄉之情。現在老家全村都已經淹沒在水庫底下，丹江清澈豐沛的水資源不斷地提供河南、河北、北京、天津等多個省市老百姓的生活與灌溉所需。衷心地希望，今後不要再看到大旱饑荒、餓死人的慘劇了。

第 2 篇

戀戀臺東

──胼手胝足落居「後山」

我家在我兩歲時便搬到臺東，從三、四歲開始有清楚記憶。最深刻的第一次記憶便是，玩耍時從牆上跳下，一根生鏽的大鐵釘刺穿整個左腳掌背，我自己以右腳踩著木板，左腳再用力從釘子抽離，之後便暈厥不省人事了。父親快跑抱著我去診所，還被第一位診所醫生告知可以辦後事。還好當地有兩位醫生，讓我得以活到現在。

父親因為年輕時，時局混亂又一路逃難，自覺沒有好好讀書。住在臺東的那段時間，中年發憤圖強，自修苦讀，四書五經、諸子百家、《史記》、《漢書》、《資治通鑑》、唐詩、宋詞、《古文觀止》，父親讀到精彩處，便講故事給我們聽。我那時候自然是半知半解，甚至茫然不知。然而，當年在腦海留下的某些種子，有許多傳統文化精華中之精華。之後竟然也有發芽、開花、結果的機會，真想不到啊！

童年、少年、一直到大學畢業、出國留學前，家都住在臺東。幼稚園、東師附小、臺東中學，成長過程留下了無數難忘的回憶。即使出國都幾十年了，午夜夢迴，夢中

回的家，都還是全家擠在臺東那八個榻榻米大的小房子，似乎那才是所有溫馨記憶的家。

臺東鄉親在臺北成立的「東來會」聚會時發現，不少人都有些在就讀東中、東女時，因為約會而被記過的小故事。早年後山的臺東，民風淳樸敦厚，但仍然看得到「少年不識愁滋味，愛上層樓」的故事。半世紀前的臺東鄉下，即使年少輕狂，現在看起來，真是中規中矩，一等一的好學生。如今時代進步，交通發達，資訊傳播方便快速，那偌大的中央山脈已然擋不住 AI 的魔力了。

❷-❶
童年遇劫

　　兩歲的時候，父親從軍職轉任公務員，我們家便從桃園中壢搬到了臺東縣。當時住的地方叫「新港」，後來改名為成功鎮。當地的山跟海緊緊相連，地方偏僻、交通不便，人口也稀少。但因為山巒地勢起伏較大，又緊靠著太平洋，山海風光明媚。遠眺海洋，仰望天空，可以神遊大海，使人心曠神怡，身心舒暢。

　　大約在四歲左右，跟著年齡相仿的鄰居孩子們上山下海、爬樹翻牆，似乎是天不怕地不怕。某一天，大夥又到了附近的一個工地，有面水泥牆，一起在那裡爬上爬下。這面牆滿高的，大概接近自己當年大半個身高，我心裡有些害怕，但禁不起同伴的慫恿刺激，面子要撐著，還是爬了上去縱身往下跳。這一跳還算有點水準，落地時雙腳站立，而且平穩著地。到現在還很清楚記得，當時腳上穿著一雙黑色布面、白

色膠邊的學生球鞋。在那當下，似乎還有點得意自己功夫不錯。但是定睛一看，左腳掌踩在生鏽的大鐵釘上，鐵釘刺穿了腳板及球鞋，還凸出來好長一段帶著鐵鏽的釘尖。大鐵釘是倒釘在一塊長木板上，鐵釘大約有十公分長。

當時一切都發生得太快了，只記得腦子裡還想著，這該怎麼辦？問題嚴重了！這麼大塊的木板釘在腳上，怎麼走回家？慘了，回家一定得挨罵。瞬間靈機一動，用右腳踩踏著木板，左腳快速、使勁地從釘子上拔出。腦中閃過的是，大問題得到解決了，心中還有些興奮。但是這一剎那之後，眼前一片昏暗，之後的事就完全不知道了。後來聽父親說，同伴們發現我昏倒並且血流不止，趕緊跑到父親上班的地方帶他過來。父親當時一把抱起我，三步併作兩步飛奔到一間診所。

醫生做了些檢查，翻翻眼睛便對父親說：「沒救了，準備辦後事吧！」父親聽醫生這麼一說，頓時全身癱軟。急得懇求醫生再看看，有沒有任何方法可以再試試？醫生兩手一攤說：「沒法救了，沒辦法了！」這時父親想起本地還有另一位醫生（當年新港鎮內只有兩位醫生）。大概父親已經抱不動了，趕緊背起看似已經沒有生命跡象的我，快跑狂奔好長一段路，去找另外一位醫生。這位醫生也是做了些簡單檢查，翻翻眼睛便對父親說：「沒事了，打一針破傷風針就好

了。」怎麼會差這麼多？

　　「沒救了」、「沒事了」，只差一個字，前者就不再有後來的我，太可怕了！事後父親回頭去將第一位醫生痛罵一頓，怪他險些害死寶貝兒子。這次事故在我左腳背上造成一道很長的疤痕。一直到今天，仍然清晰明顯可見，現在看起來約有一‧五公分左右。多年後談到，這到底是怎麼回事？很可能是父親後來背著我，狂奔了好長一段路，劇烈振動而有按摩或 CPR 的作用，使休克中的我復甦回來。很可能救我一命的是父親，而醫生只是助緣。

臺東八仙洞

　　臺東縣成功鎮沿著海岸線往北走便是長濱鄉，當地有個著名風景區「八仙洞」。位於山海交界的峭壁上，兼具地質景觀與史前遺址，有自然形成的十多個海蝕洞穴。這些洞穴原本在海平面上，現在卻散布於一百五十公尺高的山壁上，這是因為東海岸地殼陸地上升所導致。八仙洞設有步道通往各個海蝕洞穴，其中最大的洞穴是靈岩洞，靈巖寺便設於此洞中。其他還有崑崙洞、乾元洞、朝宸洞、海雷洞、潮音洞、永安洞、水簾洞等。八仙洞也是一處重要史前遺址，曾發現非常豐富的舊石器時代先陶文化，經命名為「長濱文化」，這是迄今所知臺灣最古老的史前文化遺址，而被列為一級古蹟。

　　我兩歲到五歲的時候住在成功鎮，之後搬到臺東鎮。剛到臺東市區，一時間還沒有地方住，得到父親軍、警官學校

的同學，也是結拜兄弟趙伯伯很多照顧，短暫住在他們家一陣子。趙伯伯當年，年紀輕輕就已經當上臺東警察分局的分局長。我們兩家人當時共六個小孩，只有我一個男的，我兩個妹妹，趙家三個都是女兒，據說當年趙家老奶奶只把我一個男的當寶。有一天趙伯伯跟父親聊天，談及有沒有生男孩的偏方。父親想起曾聽當地人說過，喝八仙洞那裡的觀音水便會生男孩。父親於是向趙伯伯提起，但說明這只是個傳說，不知道是不是真的。趙伯伯一聽，管它是不是真的，有機會試一下總不吃虧。

　　以當時的道路交通狀況，從臺東市區到長濱算很遠的路程，開車都得好幾個小時。一個週末一大早，趙伯伯就開車載父親飛奔長濱八仙洞，直接到了最大的靈岩洞。在大殿觀音像身後有個天然山泉，不斷地湧出泉水來，寺眾將之裝飾成觀音淨水形式，供善男信女們取用。聽父親描述當時的情形，趙伯伯用雙手接起觀音水就大口大口地喝，父親也接著喝了好幾大口。他們兩人在八仙洞風景區逛逛，心滿意足地驅車回臺東。隔了一年，1959 年初，我們兩家各添一個男丁。又隔了一年多，1960 年底，兩家又各再添一個男丁。趙伯伯和父親每次提到這件事，都相視而笑。這是真靈嗎？是巧合嗎？怎麼會如此神奇地同時感應在我們兩個家庭中？而且接連兩年，兩家各生兩個男孩？

2018 年夏天的一個週末，再度到八仙洞遊玩。買票停車進入景區，感覺到裡面有些冷清。進入觀音洞內，只剩下幾面冰冷的海報看板，用來說明史前文化遺址的由來。多年的記憶完全不見了，內心五味雜陳、悵然若失。自然景觀、山河大地、滄海桑田，風雲變幻，都是「死」的景物。如果沒有了「心靈」、「生命」的故事相伴，如何能感動人心呢？臺東八仙洞，可喜的是「史前文化」竟然完美地呈現在臺灣的東南邊陲。或許正因為如此偏遠，古蹟才得以保存至今。如果史前文化遺址的「古老故事」，配合當地山壁洞穴獨具的「八仙」風貌，可以相得益彰、相互輝映。希望臺東的鄉親可以考慮把「八仙洞」的故事找回來，將史前文化的事跡聯結上，如此，則更接人情地氣，應該能夠迎來更多遊客。

　　《西遊記》的「神話色彩」，較之「八仙」的封神演義，有過之而無不及。但是，為什麼這些故事都能夠深植人心，大人小孩都看得入迷？而且能夠流傳千餘年而不墜？背後的教育意義豈是「迷信」兩字了得？《西遊記》借用唐僧的故事，表述玄奘求道的信心堅定，不怕一路上的艱辛苦難，不受心魔妖邪的誘惑，終於成功完成取經大業，供養眾生，受大眾尊敬景仰。《西遊記》正向地「借題發揮」，引導人心向善、向上，收潛移默化之功，這是何等的智慧啊！這要比教條式的教學方式，可能有更大的教育效果。「藥無貴賤，

難忘的偶然

58

愈病者良；法無優劣，契機則妙。」不是嗎？

佛法是「心法」，我們小時候看《西遊記》電影，只是看熱鬧。《西遊記》中的唐僧好比我們自己的「意識心」，唐僧去西天（天竺）求法，好比修行人，想轉識成智，得大智慧、成就佛道。三位貼身弟子沙和尚（悟淨）、豬八戒（悟能）、孫行者（悟空），像是想修「戒、定、慧」功德，卻又老甩不掉的三毒煩惱──貪、嗔、癡。一路上的魔鬼妖邪，便是淫殺盜妄的意識心起現形，妖魔鬼怪全是自心惡念所變現的。在遇到絕境時，觀世音菩薩或西天佛祖適時出手相助，觀世音菩薩即是自己的大慈悲心，西天佛祖便是自己的平等心。唐僧經歷各種身心的磨練，帶回東土大量佛經。

佛經，經文之文字語言，像是地圖、指南針，指出道路、方向及方法，而經文「意在言外」，不在文字。誠如《永嘉證道歌》所說「**執指為月枉施功，根境法中虛捏怪；不見一法即如來，方得名為觀自在**」。經文像是手指，指著月亮的方向，要我們看月亮，而不是看手指。（我們執著經文，以為文字即真相，死在文字上，就像是執著手指即月亮一樣；這也像在『六根』面對『六塵』境界，胡思亂想，隨便搞怪一樣。果真隨文入觀，看到真相（月亮）的時候，道路、方向及方法，任何一法都不需要了、不見了。這時候，就達到了清淨、平等、正覺，觀心自在的境界。）真實故事中的玄

奘大師，於六十五歲時，如願以償，「得生」彌勒淨土。如是真實智慧，何來迷信之有？

　　八仙洞也可以「借景寫情」，藉由八個奇形海蝕洞穴，連結「八仙過海」各顯神通，除奸懲惡的故事，來表彰忠孝節義，示現善有善報、惡有惡報，以成就善良風俗之祥和社會。「八仙遊臺東」與本地「史前文化」的先人交會，可以放出智慧的光亮。「材料、作料」都有了，也一樣可以如法炮製，成為一個有「宇宙人生」大故事的旅遊勝地。如此，也同樣可以有《西遊記》之功效。「八仙洞」的故事雖然是「穿鑿附會」而來，但也是「神來之筆」。想想看，如果「八仙洞」取名「八個洞」，或是「八山洞」，去掉了人文素材，豈不是俗不可耐，毫無人氣「生意」可言了嗎？「山不在高，有仙則名」，不是嗎？有精彩「宇宙人生」故事的風景名勝才能引人入勝，而發思古之幽情，才值得大家留連忘返呀！

2-3
初小懵懂

念小學一、二年級時，大概還沒開竅，學校成績一塌糊塗，在班上總吊車尾，甚至差一點留級。後來慢慢趕上來，到五、六年級時，在班上就可以到前幾名了。後來得到博士學位，就把小時候快留級的事全忘了。能讀到博士，那麼小一、小二所學的東西還要在乎嗎？或許是不重要了吧？沒有想到後來寫書，用電腦打中文字時，經常要用「中文注音」的方法來找適當的字，卻常常打了注音、按下鍵，就聽到電腦「噹」一聲，注音錯誤、沒這個拼音法，只好再試，後來才知道有幾個注音，我這輩子從沒弄清楚過。

第一本書的初稿寫好後，請幾位好朋友幫忙看看並且校稿。有位同事看了之後告訴我：「你的標點符號怎麼擺得有點奇怪，是不是有什麼特別用意？」他不好意思直接說，博士連個標點符號、斷句都不會？沒想到小學一、二年級沒學

好的東西，幾十年之後，還帶來這麼多困擾。更沒想到，甚至有點驚訝的是，最簡單的注音及標點符號，自己從沒有搞清楚，也不太會用，經過了幾十年，自己並不知道。接受了二十年的正規學校教育，深深感覺，如果遇到老師肯認真教學、喜歡學生，或是遇到我們喜歡、尊敬的老師，功課學習就會特別好。反之，就常常不能進入狀況。所以，跟到好老師是很幸運的事。同時，「一分恭敬，一分收穫」，恭敬師長，增加善緣非常重要。「尊師重道」的教育其來有自，可以使自己受益無窮。

「人一能之，己十之；人十能之，己百之。」駑馬十駕可至千里，一個人只要肯努力就有成功的機會，並不一定要天生是千里馬才會有所成就啊。還在學校念書的同學們，如果功課成績不好的話，別怕，很多有成就的人，從前在學校成績也不是很好。「學問之道無他，求其放心而已矣。」把放逸之心收回來就對了。

2-4

經史子集之外

　　父親年少時因為家境清寒，生活貧困，連吃飯都成問題，更遑論有多餘時間念書了。上了軍校之後，軍旅倥傯，接著又一路逃難，更無法好好念點書。父親嚮往上學念書的心情經常溢於言表。他偶爾唱著老家的兒歌，眼神散發出興奮希望之光：「月奶奶，明晃晃，打開後門洗衣裳；洗得白、漿得光，打發哥哥上學堂；讀四書、念文章，紅旗插在大門上，看看排場不排場。」這首兒歌的背後，可以看出當年河南鄉下，窮人家的生活以及為人父母的心思。白天打工務農，晚上得空來洗衣服。沒錢點燈，趁著月亮皎潔時，才到外面院子洗衣裳。為了讓孩子上學穿得體面，洗完之後還上漿，使衣服直挺光鮮，讓孩子歡喜地去學校。上學讀書是窮苦人家的孩子光宗耀祖、光耀門楣的一條大路。小時候父親講《孝經》給我們聽：「立身行道，揚名於後世，以顯父母，孝之

終也。」並且強調說，重要的是「立身行道，長養父母之志」。

父親早年在西安讀軍校時，就在學校安排下，很多同學都增加選讀了警官學校課程，準備局勢安定時，轉任警察工作。後來時局急轉直下，警官學校課程沒念完，就跟著部隊輾轉到了臺灣。父親後來雖然取得了中央警官學校畢業文憑，但是終生拒絕當警官。或許是早年在老家派出所，受到冤枉的委屈，心中陰影一直揮之不去，對警察的負面印象牢不可破吧。從部隊退下來，父親加入民防指揮部，至少不是警察身分。但是冤家路窄，民防指揮部因故裁撤，併入了各縣市警察局，父親隨即申請轉入民政局，一天警察都不願意當。

轉任公務員之後，正值青壯年，父親深感年輕時沒有機會好好讀書，於是奮發苦學。有點閒錢便買各類書籍研讀，包括四書、五經、諸子百家、《史記》、《漢書》、《資治通鑑》、唐詩、宋詞、《古文觀止》等等。父親還真下了苦功讀書，經常是起五更、爬半夜，夙夜匪懈。他讀了之後只要有一些心得，或是有趣的，常常會在一家人吃飯時，說給我們聽。這些書的書皮封面我都看過，只是內容嘛，是偶爾從父親所說的心得聽來的。其中有一次印象比較深刻的，是父親讀《老子》，把「聖人不病，以其病病，是以不病」解說給我們聽。記得現場可能只有我聽懂了，弟妹們年紀還小，聽到病病，這麼多「病」都只覺得很好笑。

　　後來我比較有受用的部分，是父親要我多讀誦的幾篇古文。他特別精選了幾篇，每一篇文章都跟我說這是千古第一佳作！包括了唐朝王勃的〈滕王閣序〉、李白的〈春夜宴桃李園序〉、李華的〈弔古戰場文〉、宋朝狀元宰相呂蒙正的〈破窯賦〉等。這些流傳千年的古文，大多一開頭就氣勢磅礴、引人入勝。年輕的時候熟讀這些文章，只感覺文章似乎有深遠的意思。後來多了一些人生閱歷，更是感觸良多、受用無窮。幾年前，有緣讀到徐志摩的〈偶然〉，很自然就引申到對宇宙人生的感悟，而能心領神會。我也特別注意到，好的文章，最後一定會將意境提升到正能量的層次，而至發人深省的境界。

　　上初中的時候，每次寫作文都頭痛不已，什麼題目都是用「光陰似箭、日月如梭」開頭，之後就不知所云了。有一次看到同學寫「韶光易逝、歲月荏苒」，讓我甚為驚奇。回家告訴父親，他笑笑說：「這是老套了，沒有什麼。」同時告訴我，詞藻華麗並不重要，重要的是要言之有物。而且，寫文章不要寫那些小品文、散文、雜文，隔幾天就沒有價值，沒有人看，就被丟進垃圾桶的文章。要寫，就寫能夠傳世的「大塊文章」。這些話，當年對我來說是「對牛彈琴」。但是在幾十年之後開始起了作用，盡量別寫無的放矢的文章。

當年家中雖然有很多書，卻買不起書架，父親就在牆角柱子間天花板下面，搭了幾塊木板來擺放書籍。一整排的經典古籍、一本厚厚的辭源，加上幾本剪貼簿，看起來還滿壯觀的。一個放假天，我好奇地想看看這整排書後面還有沒有其他東西，於是搬了張凳子站上去往後面看。果真還有兩本書，一本是《人之大倫》，另一本是《厚黑學》。信手各翻了幾頁，《人之大倫》一開頭就挺有學問的樣子：「食、色，性也；飲食男女，人之大欲存焉。……」再往後看其中的圖片，就是兒童不宜了。《厚黑學》記得很清楚是李宗吾寫的，開宗明義便說：「厚黑者，臉皮厚，心子黑也」，「厚黑如利刃然，用之弒善人則惡，弒惡人則善」。也不知道為什麼，不該看的東西，卻是印象如此深刻。這些書在當年可能都是禁書。當今社會傳播資訊、媒體的嚴重汙染，那些書根本就不算什麼了。然而對成長中的年輕人或幼童而言，教育中需要的保護傘，哪些不該看、哪些得等心智健康成熟後才適合教，著實是個大學問。現在的社會不但是青少年被戕害，幾乎所有的年齡層，從嬰幼兒到九十多歲老年人，全都陷入貪婪、色情、仇恨、暴力等犯罪的誘惑中。

　　多年前兒子讀小學時，為了讓他多瞭解臺灣的文化、風俗民情，要他偶爾跟我們一起看電視的新聞節目。有一次我們一起看電視，不一會兒，我就不自然地覺得，或許不應

該讓孩子看這些畫面及報導。他當時忽然問我:「什麼是色狼?」我心想,怎麼會問這麼簡單的問題?我想了好一會兒,還真難回答這太簡單的問題。我描繪了半天,他似乎懂了,接著問:「那如果女生對男生做這種事,叫什麼?」又是一個太簡單的問題!好像沒聽過「色貓、色兔」之類的名詞,就說叫「女色狼」。兒子像是發現新大陸似地說:「Daddy,我們班有好多女色狼!」我頭一下子懵了,趕緊問到底是怎麼回事?後來發現事態嚴重,他們班上很多同學在看色情網站。經過與學校溝通合作,讓小孩子們知道,這樣做是不對的。如此看來,教育下一代是多麼困難,又多麼重要啊!

傳統儒、道、釋的教育,取法自然,遵循天理法則。重視孝道、師道,順乎倫理、道德、因果之運作,使得人心祥和、社會安寧。然而,近幾十年來,這些教育的價值觀、教學理念已然式微了。漸漸抬頭的是「拜金主義」,一切向錢看,「讀書」只是為了賺更多錢。恥笑貧窮,不笑貪汙,不笑偷盜,不笑詐騙,不笑黑心。漸漸取代的是「個人主義」,自私自利,不孝父母、不敬師長,只問自己,不管別人。只要我喜歡,有什麼不可以?一旦「拜金主義」、「個人主義」在社會上繼續發展下去,將會造成人心貪婪、自以為是、傲慢偏見、剛愎自用、偽善鄉愿、是非不分。久而久之,社會上「臉皮厚、心子黑」的情形就會愈來愈嚴重。後代子孫的「身心健

康」對於他們自己，對於家庭、社會、國家都非常重要。有識之士，在各階層、各行各業，應該力挽狂瀾，使家庭教育、學校教育、社會教育都能回歸正軌，使子孫後代能夠有正確的人生觀，可以過幸福安樂的生活。

「臉皮厚，心子黑」，一般是用於可惡的、負面的表示。後來再看了《厚黑學》，我覺得書中引用的故事全然用負面的看法與說法，這是不對的。有一些故事怎麼可以用「皮厚、心黑」就一語帶過呢？其中有些所謂「厚」的情形，應該可以換成正面的看法，是忍。忍耐，忍得了氣、耐得了煩，忍辱才能負重。像韓信的「胯下之辱」，如果當下不能忍，拔劍殺了那些無賴，得坐牢抵命，可能就沒有後來仗劍指揮大軍、陣前殺敵的「漢初三傑」韓信了。韓信少年時父母雙亡，日子過得很艱難，常常沒飯吃，曾跟「漂母」（漂洗衣物的老婦）要過飯。這豈可用「厚」字來說？後來他功成名就，回來報答，贈漂母千金，這便是「一飯千金」的典故。「與人爭千古，不與人爭一時。」《金剛經》也說：「一切法無我，得成於忍。」不忍、不能忍受屈辱，怎麼接地氣啊。

錯誤的負面詮釋有時會比自己造業還要可怕！到底是「皮厚心黑」，還是「忍辱負重、菩薩心腸」，全看其「動機、存心及用心」。如果存心、用心是自私自利，只為了個人私欲、名利而做出傷天害理、殺人越貨、欺世盜名的壞事，

那就是前者；如果是為了大家的利益、為了社會大眾長遠的福祉而忍受眼前的屈辱，或者是使用金剛霹靂手段而行果斷之事，則應是後者。

戰機衝碎了家人的心

高中一年級的時候，放假日也常到學校念書。同學們喜歡將書桌椅搬至走廊上，空氣好、風景也不錯，念書比較有效率。臺東中學離海岸不遠，當年附近幾乎全是農田，在走廊上可以看到大片太平洋，視野開闊，使人身心舒暢，讀起書來，心情自然愉快。

有一天下午，跟同學又將桌椅搬到外面，找了個視野最好的角落一起念書。記得當天晴空萬里，湛藍的天空掛著些許棉花似的白雲。臺東在臺灣是世外桃源，青山綠水，碧海連天，又極少工業汙染。當時我們正在專心念書，四周相當安靜，忽然之間發現有架噴射機從我們前方上空呼嘯而過。巨大的聲音，使我們眼神都好奇地跟著飛機走。沒想到的是還沒有回過神來，飛機又大角度迴轉朝我們的方向飛回來。定睛看看，應該是架噴射戰鬥機，當時臺東志航空軍基地還

不存在，很少能看到戰鬥機飛來飛去。大家像是在看特技表演一樣，帶著興奮的感覺，站起來對它歡呼。看著這架噴射機愈飛愈低，感覺離我們非常近，它多次上下俯衝，完全像是在表演特技給我們看。或許是少見多怪，當時心裡覺得毛毛的，這樣子高速飛行、快速變化方向，又直上直下地衝來衝去，會不會出問題呢？

大約過了一、兩分鐘，忽然間看到飛機直線往下掉，最後被遠方的樹木擋住視線。唉呀、糟糕，飛機掉下去了！到現在還清楚記得，當時是先看到火光及瞬間產生的兩團黑煙，然後才聽到兩聲爆炸聲。我跟同學的第一個反應，便是騎著腳踏車飛奔現場，我們是頭一個到達墜機地點的。飛機已然斷成了多截，碎片散落四周，殘骸有些地方還在冒煙。現場躺著兩位空軍軍官，他們身上都有多個部位燒焦了，其中一位的頭部膨脹得非常大，而且頭顱後半部幾乎被炸空了，真是慘不忍睹。兩位軍官身體還綁著半打開的降落傘，可能是最後拉開傘的時候已經太遲了。

附近同時看到有位婦人抱著一個小孩大聲痛哭，原來他們是在那裡整理農作物的母子，小孩子被失事飛機波及而喪命，其母親當時可能因為距離遠一點而躲過一劫。但是做母親的看到兒子當場慘死，傷心欲絕。大約過了將近半個小時，開始有軍警人員到場拉起了封鎖線，並驅趕圍觀的群眾，我

們也就騎車回學校繼續念書了。

　　第二天看了報紙新聞才知道，原來飛機上的兩位軍官，一位是空軍官校剛畢業的飛官，另外一位是資深教練軍官。飛機是雙人座的，兩人從臺南空軍基地起飛，進行飛行教育訓練。聽說剛畢業的飛官在出事前一天就先跟家人說：「第二天如果有一架戰鬥機在我們家上空飛來飛去，那就是我開的。」原來他是想在家人面前，在自家門口表演飛行特技，光耀門楣，也讓父母親高興。只是萬萬沒想到，或許是動作太大，操演過了頭，樂極生悲。也或者是當時飛機機械故障而造成憾事，詳情就不得而知了。只是這事件不僅使其父母家人心痛萬分，而且還多連累一個無辜小孩的性命。

　　父母親們辛辛苦苦地養育子女，無不望子成龍、望女成鳳，憧憬他們未來能夠功成名就、出人頭地。但是父母親更想看到的是子女們健康快樂，好好地生活。白髮人送黑髮人是多麼痛苦悲慘的事。每個人至少要注意自身安全，愛護自己的生命。

2-6

有錢難買少年貧

多年前在《商業周刊》看到「有錢難買少年貧」這篇文章，當時就覺得心有戚戚焉。小時候家境真的很清苦，父親一個公務員養七個小孩九口人。而且每個小孩都上學念書，生活費、學雜費、制服費等等，以當年公務員微薄的薪水怎麼過啊。從小聽到最多的話就是我們家是「生之者寡，食之者眾」。原文是《大學》的「**生財有大道：生之者眾，食之者寡；為之者疾，用之者舒；則財恆足矣。**」我們家剛好相反。每次的結論就是孩子太多了，養不起。從我懂事開始就知道，弟妹中老四以下的，都被討論過要送人，留兩男兩女就好了。但是幾十年過去了，一個也沒有送掉。

小時候臺灣的大環境，生活條件都非常差，物質相當匱乏。但是很多家庭還是生很多小孩，這可能是跟早年沒電視、電腦、網路、手機等 3C 產品，生活單純、作息正常有關。聽

說現在很多夫妻連躺在同一張床上，還得透過手機用 LINE 或是微信來溝通，面部表情、肢體語言都省了。

早年我們家窮歸窮，但因為公家給公務員每個小孩子都有眷糧，所以並沒有真正餓著；也都有教育補助費，所以也沒有失學。窮苦家庭的子女，能受到良好教育，是未來改善家庭生活環境的重要方法之一。普及、低收費的教育政策可以造福許許多多貧窮子弟。臺灣有今天的經濟成就，所仰賴各類的專業人才，與早年正確、低廉學費的教育政策，應該有著不可分的關係。

臺灣早年並沒有童工的管制，我跟兩個妹妹從念小學五年級之後就經常打零工賺外快貼補家用。臺東中學初中畢業時，我的成績還不錯，不需要考試直接保送高中，整個暑假都空了下來。父親幫忙找了個工地，讓我替人家打零工、蓋房子。初中畢業時，個子雖不小，身體看起來也滿壯的，但是體格並未完全長成，而且還是所謂的「讀書人」，肩不能挑、手不能提。縛雞之力可能有，但哪能跟一般工人相比呢？第一天上工就被嫌太文弱，不記得那天做了什麼事，但是清楚記得收工後回到家，全身痠痛，連話都說不出來，吃過飯、洗完澡就累癱躺平了。第二天，天還沒亮，一大早起來全身痠痛，又咬著牙上工。工人們大多希望避開中午日曬的時間，寧可提早上工，中午多休息一下。

記得第一次用扁擔挑磚頭的時候，別的工人挑的重量，我挑不起來。我塊頭看起來不小，中看不中用，只好先挑人家的一半分量。這一半分量的磚頭是挑起來了，但是走幾步路，兩肩磚頭搖搖晃晃，路也走不穩。旁邊大部分的工人多半在看笑話，說「讀書人」是做不了粗工的。搬了兩回，有位老伯伯實在看不過去了，過來告訴我，要用兩隻手扶著、抓緊並且壓著掛磚頭的繩索上端，不讓它們晃動才好挑。原來挑東西還有點小訣竅，這在學校是學不到的。只是這時候，兩邊肩膀都磨破了皮，疼痛難耐，需要左右肩常常換著挑，減少破皮處的磨擦。而看別人挑擔子怎麼都是一個姿勢穩穩的？真是看別人挑東西不重，吃苦，不是只嘴巴說說而已！隔行如隔山，「讀書人」的體力還真是遠不如長工。

從小一直住在臺東，到高中一年級都沒有離開過，對外面的世界幾乎一無所知。但是一直有一種莫名的衝動想要出去，看看山的另外一邊是什麼樣的世界？臺東的鄉親叫臺灣西部是「山前」，稱臺東為「後山」。那座山，中央山脈真大啊！它早年實實在在地隔離了臺灣東西部的交通和文化交流。有一年父親出差到高雄，聽好朋友說高雄中學多好又多好，父親回來說要不要去試試，我第二年便去參加插班考試，錄取了雄中。其實以當年家境來說，是不應該去念的。但是父親望子成龍心切，這一去才知道「在家千日好，出門時時

難」。

　　初到高雄，人生地不熟，食衣住行，樣樣得自己重新張羅，讀書的壓力反而不在優先考慮的範圍了。那時候父親每個月供給我五百元，已經是咬緊了牙供我讀書。回頭看看我在雄中時的照片，感覺脖子比現在的長了三倍。除了父母親，還有誰能這麼心甘情願、無怨無悔地付出？我博士班畢業後，從正式工作開始，每個月固定寄五百元美金回家，連續寄了將近十年的時間。巧合的五百元，結草銜環，回報親恩。「有錢難買少年貧，人生最怕老來貧。」看來，年輕的時候吃點苦，也並非壞事。

2-7

東中／東女
沒有被遺忘的故事

臺東地處偏遠，鄉親們出外到臺灣西部，尤其是到臺北工作的人數相當多。多位已經功成名就、熱心公益服務的鄉親先進們還在臺北成立了「東來會」。孫大川、歐晉德、陳守煌、陳瓊讚、陳明堂、黃健庭、何湯雄、黃錦瑭等臺東的賢達都是創始會員。日盛金控董事長黃錦瑭更是不辭辛勞，熱心地幫忙整理資訊，而有了「東來會」的雛形。鄉親們聯絡感情，也可以互相有個照應，於 2019 年 11 月舉辦了第一次聯誼會。2020 年 7 月 6 日，在國賓飯店第二次聚會。當天晚餐我們有七位坐在第三桌，同桌的有：畢業於臺東師範學院，有「河南王」之稱的王任生；出生於臺東的前法務部政務次長陳明堂；臺東中學高我三屆的學長——周功台（華光工程公司董事長）和何湯雄（特力集團總裁）；龔金龍（典藏廣告公司總經理）是高我一屆的學長；另外一位章仁香監

察委員，跟我是東師附小同屆隔壁班的同學。

周兄和何兄是東中同班同學，交談中，兩位提到當時臺東人心敦厚，風氣保守的情形。男生平常都不准進臺東女中，可是眾家男生都掩蓋不了想一窺究竟的好奇心。何兄說他在一個週末，帶著一票男同學要去東女打籃球，在門口被警衛擋駕，何兄說：「我媽媽是學校的校長。」一群男同學就都被放行了，同學們頓時興奮地一起往球場方向衝過去。這個話題使我想起了高一時，我們約了十幾個東中的同學，邀請十幾位東女的同學，在一個週末騎腳踏車一起去郊遊踏青。愉快的一天，雖然沒有電影中出現的浪漫情懷，男生們高興的心情也持續了一、兩個星期。過了一、兩個月之後，傳回東中，所有當天參加郊遊踏青的女同學都被記了小過。那年代，女學生被記過是何等的大事啊。對我而言，真是晴天霹靂，因為我是男生的召集人，所以一直感到遺憾及歉疚。那時候東女的許校長，正是何兄的媽媽。

跟著周兄和何兄的話題，我簡單提了一下前面這個故事，也說到當年臺東學風、民風保守的情況。沒想到我這一提，同桌的龔兄馬上就說，這件事他知道，同桌的章委員說她也知道。我嚇了一跳，這個糗事有這麼大條嗎？這個五十多年前的祕密，這桌上怎麼可能會有人知道？真沒想到的是，龔兄是當時女中方面召集人的表哥，章委員是她的閨密好友。

這一說，我們全跟這個故事連在一起了。龔兄隨即撥電話給他表妹，幫我們連上了線。無巧不成書，但是巧到如此地步，人事時地物，這樣的因緣巧合，是無法用「概率」來看的。同桌大夥兒起鬨，希望把當年東女被記過的同學，還有那些臭男生們都找到一起聚聚，聊表歉意。希望能邀請到「沈佳宜」們一起來共襄盛舉，同時也想告訴臺東的鄉親父老兄弟姊妹們，五十多年前，純樸保守的臺東，就已經上演過短篇的《那些年，我們一起追的女孩》。

更沒想到的是，我們這個古時候的故事，竟然還有更古的「前菜」。「東來會」2020 年 12 月 18 日，在內湖昇恆昌旗艦店第三次聯誼聚餐，江松樺董事長親自招待大家。何兄和章委員仍然同桌，歐晉德（前高鐵董事長、臺北市副市長）學長坐在章委員旁邊。我們很自然地聊到前面的故事，這時候馬上引起了歐晉德的興趣。他說「小過」而已，他們那個時候是記「大過」的。前面的故事發生在 1968 年，歐兄的「前菜」發生在 1959 年。那年歐兄的母親是東女的訓導主任，我們一聽到「訓導主任」就知道事情大條了。歐兄在東中的班長喜歡一位住在班長家附近的東女的學生。這位班長在一個週末約到了這位女生，騎腳踏車去「大橋頭」看風景。班長請歐兄也一起去，歐兄邀了班上另一位同學，兩人也騎著腳踏車，跟在班長他們後面，當電燈泡去「大橋頭」看風景。

歐兄說，他下午回到家中，父母親大人已經在等他，劈頭就說，你們的事已經鬧得滿城風雨，全臺東鎮都知道了。臺東鎮雖然不大，但是這樣的傳播速度也未免太快了吧。想當然一定是有人向「訓導主任」打了小報告，不然，消息怎會一下子「全鎮」都知道了呢？

後來這位班長被東中記了個大過，歐兄和另一位同學各記一個小過。我們比較關心的是那位女同學有沒有被處罰？何兄說他一直都不敢問他母親，他認為一支大過是跑不掉的。何兄說，他到現在都沒辦法理解，為什麼他自己會被記小過？他說：「我連那個女生的臉都沒看到，一路上只看到她的後腦勺，就被記了小過，真是虧大了。」

2023 年 2 月 21 日，東來會再次於臺北聚會，總共有三十五位同鄉與會。一到會場就見到眾人向一位學弟，信驊科技創辦人林鴻明道恭喜，因為當天該公司股價登上股王寶座。大家坐定之後，主持人說，今天的聚餐，每個人繳一千元餐費。大夥兒各自掏錢出來，同桌的王任生先生在口袋摸了半天，身上沒有一塊錢。周功台學長馬上再拿一千幫他墊上，這時候才知道有錢人身上是不太帶錢的。王鄉長是從河南洛陽到臺灣的流亡學生，早年生活自然是貧困交加。就讀臺東師範，畢業後當了幾十年的小學老師，退休後才開始創業，之後到河南開拓出新局面而被稱為「河南王」。王老如

今已經九十一歲，但是身體非常健康，而且精神抖擻，仍然帶領著八萬員工還親力親為，令人欽羨不已。餐會中他提到當年的許多小故事，都令我們瞠目結舌。他說當小學老師一個月一百六十元臺幣，他每個月存四十元，存了十年，有四千多元，在臺北東區買了一間一百二十坪的房子，就一直空著沒有管它。眾人皆好奇地問賣了沒有？他說到現在還沒空去看。大家哇了一聲，那該非常值錢了吧。他說當年讀書的時候，苦不堪言，男同學如果交了女朋友，一定要請大家吃香蕉。我們問為什麼，他說因為當年就香蕉便宜才吃得起。難怪我們小時候常聽說，男生如果失戀的話，要吃香蕉皮，原來如此。說得高興時，他連當年在學校時喜歡的女生姓名都和盤托出，還可以看出那喜悅之情溢於言表。我們同桌後輩聽得面面相覷，原來「當年勇」可以使人變年輕。好幾代臺東的青年們，都是感情豐富、熱情洋溢，或許「少年不識愁滋味」是正常現象吧。

　　一眨眼，幾十年過去了，「青山依舊在，幾度夕陽紅。」希望民風保守的臺東鄉親父老們，仍然保留著那純樸敦厚的鄉土風情。但是也可以讓東中、東女、東師的小學弟、學妹們，得以正常聯誼，享用甜點，不用再擔心被記過了。

第 3 篇

求學心旅
——中學、大學，到研究所

人 生真的有很多岔路,最重要的是,不要輕易走上生死不明的岔路。男女都怕入錯行,更怕找錯伴。選擇學校,選擇專業,又何嘗不是一大岔路?留在國內、出國留學,也是一個重大選擇。

大二修近代物理概論的時候遇到《金剛經》、《心經》,當年隱隱約約感覺到兩者都有許多不可思議,但又相通之處。這個因緣成了日後的「道種」,三十年後寫下第一本中文書《微觀大千》,從科技角度淺釋佛法。能夠進入大乘佛法之義趣,是在創業經歷了許多磨難挑戰之後,漸漸進入了內心世界,才能摸到大乘心法的邊緣。

大學念得太糟糕,考不上研究所,只得選擇出國留學。沒想到的是,在大學四年級讀的書本,竟然是美國碩、博士班用的教材。那時候,忽然覺得自己像是開竅了,聽得懂教授在說什麼。從奧本大學開始進入了半導體領域,不但能夠在當年學校中最先進的三吋晶圓實驗室學習,碩士論文也是研究半導體元件物理及可靠度原理分析。

後來因為仰慕諾貝爾物理獎得主楊振寧教授之名，於是申請到了紐約州立大學石溪分校就讀。更幸運地遇到此生的貴人，我博士論文指導教授 Levine，大大地改變了我的人生。他總是用正面鼓勵的教育教學方式，並要求學生以成為世界級的人才為目標。Levine 教授曾經對我說：「如果你是世界級的，任何領域，進入半年就要成為專家，一年就應該寫論文了。」受到他的薰陶，我之後也以正向學習的態度，開始走上了不一樣的人生道路。

3-1
人生岔路

念高中時，高二要分為自然組（理科）和社會組（文科）。那個年代，完全沒聽過半導體或是高科技的行業。臺東鄉下更是訊息封閉、孤陋寡聞。或許受父親影響，我的國文、歷史、地理都念得不錯。當年父親也希望我將來讀法律政治，於是我選了社會組。過了一個多月之後，初中教我物理的李良三老師知道了這事，氣急敗壞地跑到班上來，把我訓斥了一頓。他說：「你要念物理、念自然組才對，才適合你，念社會組一定考不上大學。」回去和父親商量後，便轉到了自然組，回到原來的班上。高二下學期，我就插班轉到高雄中學了。

後來上中央大學還真念了物理系，升大三的時候，要分物理組或是地球物理組，我選擇了地球物理組。這回換父親有不同意見，他堅持要讀就一定要讀「純物理」，於是我又

轉到物理組去了。到大三的時候，系裡來了許多位留美、留德歸國的博士教授，教我們近代物理學、核子物理學、固態物理學、光學、低溫物理學、流體力學等。多位教授都是非常優秀、學有專精的博士。上課感覺很受用，與之前學習的差別在哪裡？差別在於他們可以講出書本上，公式、定理背後的「物理意義」。這回算是父親改變了我，不然，我可就失去了窺探這神祕「宇宙」，基本物理學「真相」的因緣機會。果然如此，我這輩子的「宇宙人生觀」就會完全不一樣了。在求學岔路上，一次是物理李老師的堅持幫了我，一次是父親的堅持幫了我。

中央大學在臺復校的先驅者，是地球物理學的專家，他們選擇了全臺灣地質最安全、地震危害會最少的桃園雙連坡為校地，確實有智慧、有遠見。而且立校方向，從物理學到地球物理、地震、探勘；從大氣物理學到氣象、太空衛星、遙測科學；從理學院到工學院；從文學院到產經學院；從人文社會科學到產業發展、經濟成長分析預測；按部就班，循序漸進。遠見加上後繼的執行力，十年樹木，校園花木扶疏，令人心曠神怡；百年樹人，培養師生健康的人生觀。很多事情，不要急功近利，或是好高騖遠。嘉惠學子，造福一方，庶幾可以無愧。

在臺東中學的一位同學張東隆也有類似情況。他也是選了社會組，畢業之後還考上了臺大中文系。當年這在臺東是光宗耀祖，極為難得的成績。可是後來他發現這並不是他的志趣所在，於是決定休學重考，而且從社會組轉考自然組的甲組。因此，物理、化學、數學，幾乎都得完全自修，重新來過。這是極大的轉變，需要多大的勇氣及毅力啊！經過了大半年的努力，第二年他考上了中原大學化工系，之後改念電子工程系。後來他出國留學，取得美國辛辛那提大學電機碩士學位。張兄曾在許多國際公司如英特爾（Intel）、Rohm、Microchip、Mosel Vitelic 及世界先進擔任運營、技術開發、業務開發等重要職務。他發表過六十餘篇專業論文，擁有好幾十個美國專利。他在「快閃記憶體」創新的貢獻，當年曾經轟動加州矽谷同業，受眾人矚目。

早年資訊、交通不發達，我們在鄉下長大的子弟，想要擠進世界級的大舞台，或許需要多繞點彎路吧。張兄畢竟是進過臺大中文系的，所以我們知道他的文筆特別好，這或許是走點彎路附帶的好處。後來發現在美國高科技公司內、外的管理課程訓練，愈來愈強調跨領域的訓練。因為單一領域的創新愈來愈窄，也愈來愈困難。跨領域卻有機會可以觸類旁通，增加創新的機緣。張兄和我是臺東中學同學，都從文科轉到理工科，後來又是英特爾同事，都在半導體業界努力

打拚，這也是我們兩人的特殊緣分。

其實對於高中，甚至於大學，文理科畫分得太清楚，分科分得太細，並不是很適當的事。如果走技職體系，上專科學校，可以早些分科，準備就業所需的教育訓練。一般大學應該都還是「通才」教育。到碩士班、博士班再往專才訓練細分，應該還不遲。「宇宙、人生」，宇宙和人生是一體而不可分割的。理工科系的學生也應該有文史、哲學的薰陶；而文法商科的學生也需要有足夠的科學素養。如此，才能有更健康的「宇宙人生觀」，也更能有機會觸類旁通，有更深層次的創新發明。清朝文學家趙翼〈論詩〉：「李杜詩篇萬口傳，至今已覺不新鮮。江山代有才人出，各領風騷數百年。」連人文詩詞都要避免老套，更何況是在面對快速變化的科技時代，更需要強調跨領域創新的重要性。在高科技業，創新快速，競爭激烈，可能是「江山代有才人出，各領風騷數十年」吧。人生的旅途上，常常會有許多岔路。小岔路還不太要緊，如果走上一條大岔路，之後的風景路況就是天壤之別了。父親當年如果聽了西安七十歲老太太的話，坐下來，去了新疆而不是開封，那麼，我的故事就全都沒有了。如果我四歲時的劫數，父親聽了頭一個醫生的話，幫我辦了「後事」，後面就沒有我的事了。

3-2
近代物理遇
《金剛經》

　　大學念的是物理系，大二的時候有一門課是「近代物理學概論」，主要介紹初級的特殊相對論和量子力學。教授所講的，雖然總是不知所云，難窺其然及其所以然，但是我對其中完全不同於古典物理的觀念，著實產生了不小的震撼。多年前跟大兒子聊到相對論的時候，他說高中暑假參加史丹佛大學的夏令營，有一堂課介紹特殊相對論，第一次聽到，時空不是固定不變的，如果雙生兒之一搭太空船，以極高速離開地球再回來，年齡會變得比另一個小，而且可以小很多（這是有名的雙生兒糾結〔 Twin paradox 〕）。他也說那一次的感覺很震驚，是真的還是假的？怎麼可能？還好是史丹佛大學教授講的，他比較能相信。

　　當年大學同學們大部分都住校，四人一間寢室，有位林姓室友也是我同班同學，經常一大早起來讀同一本書。時間

久了，便引起我的好奇。有一天早晨他去盥洗時，我便翻了幾頁看看，等他回來，我便問他說：「這本書看起來滿淺的嘛，為什麼你需要每天早上起來念呢？」我這一問，林同學的眼鏡差點掉到地上，他瞪著好大的眼睛看著我說：「你在說什麼啊！《金剛經》是佛經中非常重要，而且深奧難懂的經典。你跟我說看起來滿淺的嘛，知道你自己在說什麼嗎？」聽他這麼一說，我愣在那兒好半天說不出話來。原來我只是覺得那些中文字還認得，卻並不知道書上在講些什麼？真是慚愧到家了。不過他的這一句話卻激起了我的好奇心，《金剛經》便成了我接觸佛法的第一部經典。後來才知道林兄是學校佛學社團「覺聲社」的社長，自己是有眼無珠，還大言不慚。在此要感謝當年林同學直接點出個人對佛法的無知，如果沒有那次機緣，可能也沒有後來的體會了。

從那時開始，便隱隱約約地感覺到，近代物理中，相對論、量子力學、基本粒子物理，其中所講的觀念、道理，與《金剛經》及《心經》所講的道理有許多相似之處。經過了幾十年的比對、深入探討，強烈地感覺到這兩者，本來像是風馬牛不相及的領域，差別近三千年、相距十萬八千里的東西，講的卻可能是同一件事、同一個道理。而且觀念、理論、方法、結論及應用都神似到不可思議！我們來比較一下近代物理學的重要結論和佛法中相關領域的觀念與說法，簡單介紹，

列表比對於後，提供給大家參考。兩者相同或相近的論述，令人感到難以置信地驚奇！

物理特性	近代物理學	佛法觀念
時間	是相對運動產生的概念	過去、現在、未來，三心不可得
	是相對的	一時
	重力場大小會影響時間和訊號速度	・天界時間、壽命隨與須彌山 ・相對位置、距離而不同
空間	高速相對運動時，物體長短、大小不是固定不變的	大小的東西在特殊情況可以互容，大的可以裝入小的
物質能量	波動粒子二元性（wave particle duality）	色不異空，空不異色，色即是空、空即是色
	不確定或測不準原理	・不可說，言語道斷、心行處滅 ・開口便錯、動念皆乖
	基本粒子組成萬物	・鄰虛塵，直徑約0.0018奈米 ・一合相，世界由無數微塵集合

物理特性	近代物理學	佛法觀念
物質 能量	·基本粒子就是波動 ·短時間內衰變或崩解	·色即是空，空即是色 ·一合相 ·拍手彈指之頃，三十二億 百千念，念念成形，形皆有識。算成光的形式，其波長是156nm（奈米），這是深紫外光的波長。換成現代白話意思是每秒有1.92×10^{15}個念頭，每個念頭都有「物質形象」，都有意識
	能量守恆	·諸法空相，不生不滅 ·自性不生不滅、能生萬法
一的世界	「全息圖」即使撕到極小塊，它還是包含整個影像	·一即一切，一切即一 ·一月普現一切水，一切水月一月攝，一法遍含一切法，一性圓通一切性。
宇宙緣起	·宇宙大霹靂理論 ·138億年前，宇宙是一個小於原子的點	·汗毛孔可容納整個宇宙 ·「芥子納須彌」、「汗毛孔可容三千大千世界」

3-3

最長的生日

1977 年，是我一生中難忘的一年，也是人生中一個重要的轉捩點。年初已經申請到幾所學校，便規畫前往就讀。出國留學前，最後一次回臺東老家，父親語重心長地對我說：「沒拿到博士，就不要回家。」臺東的老家雖然極為簡陋，但那是在大多數夢境中，我回去的地方。到美國留學帶的是美金，記得當時到臺灣銀行結匯美金一千二百元，行員一張一張地數給我。我接過來再數一遍，很緊張地對她說，怎麼少這麼多！這時候行員小姐緊張起來，她再點一次，說一點不差。那是這輩子第一次看到美金，誰知道美金不同面額的鈔票，不但大小一樣，連顏色都相同。只記得當時糗到漲紅著臉，一直向行員小姐說對不起。帶著這一千二百元美金到美國，安定下來後，因為每月都有獎學金可領，於是寄了八百元美金回臺東家用。這四百元美金的開頭，讓我在美國

生活了二十年還有剩。

出國當天清晨，弟妹及同學到松山機場送行，那是此生第一次出國、第一次搭飛機。登機手續辦好後準備出關，還瀟灑地請大家趕快回去吧。走進安檢門之後，感到通道好長好長，也不知想到了什麼，不知這一走會怎麼樣？只記得一陣鼻酸，於是轉頭就往回走，這時候一個警察見狀試圖擋住我，不讓我出去。那時我顧不得規定，只說我想再見親朋一面，就衝出了安檢區。但是往大廳望去，大家全都走光了，只好悻悻然再回頭出關，向員警說聲對不起，然後排隊上飛機。

生平第一次搭機，就上了當時最大的民航客機，那時候不認識飛機型號，現在回想起來應該是像DC10或波音747之類的大飛機。從臺北經洛杉磯轉搭中型飛機到亞特蘭大，再搭小型飛機到達大學城奧本。奧本大學中國同學會會長夫婦開車到機場，將我接到同學會幫忙租的住所「Barn House」。後來才知道這地方是工寮改建成的學生公寓。大致安頓下來，這時候才回過神來，當天是我二十四歲生日。

一大早從臺北出發，由大型飛機、中型飛機，換到小的螺旋槳飛機。頭次出國、頭次搭飛機，這一天還真開足了洋葷。臺北和美東有十二個小時時差，折騰了二十多個鐘頭，還是在同一天的下午。這時候開始感覺有點餓了，來美國的第一天，又正好是自己的生日，信步走到外面找點吃的。在

不遠處看到一家速食店叫「Krystal」，可能是離晚餐時間還有點早，只有我一個客人進來。一個年輕店員招呼著，我看了一遍在牆上的菜單，卻沒有一樣知道是什麼食物。但又不太好意思問，當時看到一樣「French fries」，這兩個英文字我都認識，心想法國的油炸物應該不錯，看那個價錢乘上四十倍換成臺幣，應該可以吃飽。於是就點了客「French fries」，店員看著我，還在等我繼續點，見我沒有動靜，便問：「Is that all ？」（就這樣？），我回答：「Yes ！」（是的！），心裡想著的是一盤可以吃得飽的晚餐。過了一會，他拿出一小包炸薯條。換成我問：「Is that all ？」（就這樣？），他回答：「Yes ！」（是的！）。這時候真是窘斃了，不知所措。面子固然還得撐著，但是心裡想，這個價錢，在臺灣是可以飽餐一頓的啊。拿了這一小包炸薯條趕緊離開店家，帶回去當晚餐。一輩子沒吃過西餐，吃本來是件小事，可是這一次真是糗大了。在美國的第一頓晚餐，也是我二十四歲的生日大餐，一小包炸薯條！這一天生日過了三十六個小時，一輩子都不可能忘掉了。

奧本開啟留學生活

當年選擇到奧本大學（Auburn）念書，主要是因為有助教獎學金。也因此，在美國求學，沒有到餐廳打過工。之前刻意學一些中餐館常用的廣東話，都不曾用到。在臺灣學習英語，一般來說，讀、寫，甚至於說英語，還勉強可以撐一下。聽力，去到美國才知道什麼叫鴨子聽雷。打開收音機，才發現大部分都不知所云。

擔任助教帶實驗課，講解程序的時候，我還自以為可以應付。等到同學問問題時，我才驚覺其中有一半的問題，英語都聽不懂。不知道是美國南方的腔調，還是俚語、俗話、慣用語，反正只有專有名詞、科學術語是熟悉的。聽不太懂學生的問題，只好說，Pardon，對不起，請再說一次。再說一遍，還是不懂，但是當助教，面子得撐著。這面子重要，學生都知道我是臺灣來的呀。我抓住重點，一股腦講了一堆，

反正瞎貓總會碰上死老鼠。這下子換成學生 Pardon 了，總算扳回一城，但是場面變得有點尷尬，只好說，待會一對一討論吧！

　　文化的差異，平常在學校上課比較不容易學到。記得在一次實驗課示範教學的時候，不小心碰倒個東西，掉落地上。當下不自覺地叫了聲「哎喲！」沒想到竟然有位同學舉手問我：「What is 哎喲？」心想怎麼會有人問這種笨問題？後來才知道老美是不說哎喲的，他們說「oops」。

　　奧本大學創建於 1856 年，是一所研究型大學，是阿拉巴馬州兩所公立旗艦大學之一，也是該州最大的大學，奧本大學擁有自己的民用機場。學校內共有十二個學院：農學院、建築設計學院、工程學院、商學院、教育學院、林業及野生學院、人類學院、文學院、護理學院、藥學院、獸醫學院、以及數理學院。奧本大學的農業學、藥劑學、獸醫學、工程學、林業學、商學和設計等領域在全美都享有很高的聲譽。

　　奧本大學的美式足球隊曾經在 1957 年和 2010 年拿到全美總冠軍。奧本大學的運動隊伍為老虎隊（Auburn Tiger），是全美大學體育協會，NCAA 第一級的成員。也是 Southeastern Conference（SEC）中十四所大學成員之一。奧本大學的加油口號是「War Eagle」。Jordan–Hare Stadium 可以容納八萬多人，每次到場內看比賽，臨場感受很不一樣。

觀眾自然而然地融入比賽，嗨到不行。Auburn Tiger、「War Eagle」都喊到聲嘶力竭。美式足球比賽少不了啦啦隊，更少不了美女。女學生多半盛裝打扮參加球賽，電視媒體也會找時間，特寫大美女們的鏡頭。那時候各大學的美女評比，奧本得了全美大學美女第二名。如果比賽贏了球，尤其是打敗了宿敵阿拉巴馬隊，全校廁所的衛生紙一定全都掛在校園的樹上，煞是好看，充滿狂歡興奮的景象。

臺灣去的留學生，多半群住在學校附近的公寓，彼此也有個照應。有一次，大夥兒聚在一位同學的住處，忽然聽到槍聲，一顆子彈打破窗戶玻璃。我完全沒有警覺心，趕緊打開窗戶看看是誰開的槍。同學馬上提醒，你不怕他們打到你嗎？這次經驗讓我開始注意周遭種族的問題。當年在奧本，黑人和白人社區完全分開。搭公車，白人在前段，黑人在後段，涇渭分明。那個時候，在奧本、在阿拉巴馬州，看到的南軍軍旗，比星條旗要多得多。

1963年之前，學校僅招收白人學生。1964年，第一名非裔美國人哈羅德‧富蘭克林（Harold Franklin）入學，打破了長久以來的種族隔離。到2012年，非裔美國人占學生人數的比率已達到7.35%。喬治‧華萊士（George Wallace）是民主黨籍，當過四任阿拉巴馬州長，競選過三次美國總統，他擔任州長時，曾經站在奧本校門口，擋住不讓非裔學生進入

校園。後來他競選總統，又站在奧本校門口，歡迎非裔學生進入校園。當年我在奧本念書時，從電視看到這兩個畫面諷刺地同時出現在螢幕上，形成強烈對比。

奧本大學畢竟是優秀的研究型大學，各種研究設備，得到政府及大企業有力的協助。大約是 1976 年左右，學校接受著名的貝爾實驗室（Bell Labs）捐贈，獲得一整套三吋的半導體實驗室設備。麻雀雖小，五臟俱全。當時我在電機所修了一門半導體元計物理，加上的實驗課，便是在此實驗室實際操作。記得所製成的 SiO_2 氧化矽 gate oxide 薄膜，是用肉眼看晶圓上的干涉顏色，來判斷薄膜的厚度。現在想想，還是有點不可思議。從這三吋實驗室開始，一路看到英特爾的四、六吋晶圓廠，摩托羅拉（Motorola）的六、八吋廠，意法半導體的六、八、十二吋晶圓廠，到聯電的八、十二吋晶圓大廠。十六、十八吋廠只聽樓梯響，不見人下來。沒想到從當年的一個三吋實驗課程，晶圓愈做愈大，但是 IC 電路線寬愈做愈小。全世界半導體技術，從 10um 到 10nm、5nm、3nm，似乎看不見盡頭。1nm 已經到了分子原子的大小，還能夠再往下縮嗎？可以預見，材料、技術，物理元件等，都該有重大創新突破了。

記得我的碩士論文，初稿寫好之後，交給指導教授看。幾個星期過後，再看到自己的初稿成了「滿江紅」。

指導教授完全沒有責備，說以後多用「簡單句」（simple sentence）就好。後來，物理系的教授勸我留下來念博士班，告訴我說：「Ph.D is something and Research is everything。」（博士還算回事兒，研究工作才見真章。）在奧本物理系，大多數教授都做研究、發表學術論文。奧本大學造就了非常多世界級的人才，蘋果公司的執行長庫克（Tim Cook），維基百科創始人吉米‧威爾士（Jimmy Wales），前美國國家航空暨太空總署的太空人，執行過阿波羅十六號任務肯‧馬丁利（Thomas Kenneth Mattingly II.），前太空人，執行過雙子星計畫任務克里夫頓‧威廉士（Clifton Williams），美國建築學著名教授威廉‧斯伯萊特寧（William Spratling）等，對社會都有重要貢獻。臺大榮譽講座教授李健全是奧本大學漁業系博士，曾任農委會副主任委員。李健全當年是奧本大學中國同學會會長。他告訴我們，奧本的漁業養殖是全世界首屈一指的。

3-5
老爺車拋錨

在石溪念書時，大部分的外國留學生都住在學校宿舍。學生宿舍是 co-ed，也就是男女生全混在一起住。共用廚房、衛浴、洗手間等，但通常是一個人一間臥室。留學生來自世界各地，大家吃住在一起，常常一起買菜、shopping，感情相當融洽。

我博士論文的計畫是在 Brookhaven 國家實驗室進行的，實驗室距離石溪大學宿舍大約有二十五英里，當年兩地之間大部分地方都非常荒涼空曠，人煙稀少。時間應該是 1980 年底的冬天，我有一個實驗正在緊鑼密鼓地進行，對自己所提出新的太陽能電池材料，進行可靠度的研究。每隔十個小時左右需要記錄數據，觀察元件的變化。所以常常待在實驗室裡，甚至準備了睡袋，晚上偶爾就睡在書桌上。

有一個星期天，紐約州長島白天颳起大風雪，到了傍晚

風雪才停下來，收音機氣象報告說晚上 wind chill（颱風降溫作用），溫度會降到零下四十度。這是我第一次親身經歷，真正知道零下四十度，攝氏跟華氏是同一個溫度點。眼看風雪停了，取數據（data）的時間也差不多了，於是開著老爺車上路。開到半途還離 495 高速公路有段距離，忽然儀表板上顯示引擎過熱，心想再開開看，或許紅燈會自動熄掉。這想法雖然有點頭腦不清，但是外面冰天雪地又看不到燈火人家，不得已只好賭了。又開了幾分鐘，忽然聽到好大的爆炸聲，前面的引擎蓋被炸得翻了起來，引擎蓋整片躺在擋風玻璃上，完全遮住了前面視線，整個車子都是水氣白煙。這個場景著實嚇了我一大跳，趕緊煞車，往路邊停下。剛回過神來，整片擋風玻璃上已然結成厚厚的冰霜，從車內完全看不見。下車查看才知道是水箱的抗冷凍劑加得不夠，水箱結冰，導致能夠循環的水量太少，因而產生高溫爆炸。

這個時候先冷靜下來想想該怎麼辦。第一步先看引擎還能否打著，試了幾次都沒用，而且電瓶的電力也逐漸變弱。零下四十度的威力開始展現出來，車裡開始感到寒意。當下決定下車 hitchhike，也就是美式的搭便車。美國土地幅員遼闊，但是公共交通卻不發達，早年很多美國人都很有愛心，也很願意幫助別人，所以在美國搭便車很流行也很安全。腦袋裡閃見了電影中美女撩起裙襬，馬上就搭上便車的畫面。

我也比著相同的 hitchhike 手勢，但是車子一輛輛地過去，沒有一輛車願意停下來。看看自己，身形高大，又頂著一件套頭的大外套，看起來有點像愛斯基摩人。將心比心，在這黑夜之中，願意或敢於停下車來的應該極少吧。

於是改變主意，看看能否找到附近人家求救，沿著公路先往前走了約十分鐘，沒有一戶人家，也看不見燈火。沒辦法，便往回走，回頭往車後也走了一段路，還是不見人煙。這時候開始有害怕的感覺，也真不知道該怎麼辦了。寒風刺骨，那件大外套雖能擋風卻不保暖。回到車上，希望車內溫暖些。結果愈來愈冷，漸漸地，車內跟車外幾乎一樣冰冷，所有金屬的東西完全不敢碰，太冰了！時間一分一秒地過去，車內溫度不斷地下降，四周黑暗寂靜，寒氣逼人。心中原來的害怕開始轉變成為接近死亡的感覺。

小時候看電影，將死之人會不斷地回想一生的點點滴滴。我卻想到「出師未捷」，論文才剛要開始寫，不可以停在這裡！這時候已是晚上快十點，再晚些就更不會有人車了。遂縱身而起衝到公路中間，拚著被撞死也要攔下一輛車。天從人願，果然遠處看到來車。好亮的大燈，等車子接近時，才看出來是一輛超大的卡車。要不要閃開？免得它煞不住是會撞死人的。被凍死和被撞死，結果是一樣麻煩。我靈機一動，索性把外套脫下，用手高高地舉著，大力左右

揮舞，然後趕緊往馬路邊退。好大好高的一輛拖吊車慢了下來，停到路邊，司機探出頭，先大聲責備這樣做太危險了。問明事由後，便讓我上車。車內只有駕駛一個人，超級壯漢刺了青的臂膀，看起來比我的頭還要粗大。他問了我，要到哪裡？怎麼走？便送我回到學校宿舍。不知是否是驚魂未定，我只說了聲「Thank you very much！」他回了句「No problem！」便倒車走了。後來每次想起這件事就很後悔，當時沒有留下救命恩人的姓名電話，真是遺憾。

　　進了宿舍，加了件毛衣，便趕緊向同學借了輛車，再往實驗室趕去。等做好實驗、記錄下數據，心滿意足地鬆了口氣，這時已經是半夜三點了。第二天早上，把前一晚驚險的遭遇，差一點沒命的故事向在 Brookhaven 國家實驗室的 Supervisor 楊江源博士報告。我說完了故事之後，他關心地笑著說：「那實驗數據都記錄下來了嗎？」我說：「使命必達，當然都做好了。」我們兩人接著哈哈大笑，這也是個美式幽默吧。

有眼不識楊振寧教授

我大學及碩士班都是念物理系的，所以非常仰慕華裔第一位諾貝爾物理獎得主楊振寧博士，楊博士當時已經在石溪大學擔任特殊講座教授多年。1979 年我申請上石溪大學材料所博士班時，便欣然到長島入學。雖然是仰慕楊博士之名而來，但當時網路通訊不發達，對他的模樣並不清楚，也一直沒機會聽他的演講，始終緣慳一面。

進入石溪兩個學期過後，放暑假時，學校裡的人數變得很少，留下來的大多是研究生，外國籍的留學生佔大多數。因為學校校園很大，校內有公車，校車也通往長島火車的 Huntington 站，方便大家來回紐約市，只是車子在暑假期間班次較少。有一天閒來無事，想去紐約曼哈頓逛一逛，我獨自從宿舍走到學生活動中心，等公車去搭長島火車。夏天天氣熱，太陽又大，所以就走進候車休息室內等車來。一進去，

佔大的房間裡，只看到一位亞裔人士在裡面，穿著白色短袖襯衫、黃色卡其褲。從當時的衣著及裝扮上看，我猜想對方應該是中國大陸來的訪問學者。因為只有我們兩人，我打了聲招呼，然後遠遠地坐在另外一邊。

那時已經是接近午餐時間，看見他從手提包中拿出了一般留學生常吃的三明治當午餐。兩片土司夾著火腿及青菜葉，用透明塑膠套包著。他大口地吃起來，也像一般清苦的留學生一樣，逕自喝起飲水機的飲用水。這時候我幾乎確定他是大陸來的訪問學者，我便先開口用中文說：「請問你是哪一系的？」他說：「我是物理系的。」我也自我介紹是材料系的，然後再請問貴姓？他回答：「姓楊。」我說我姓劉，我們還握了手。

這些對話之後，我開始有點不安了，我接著問：「您是訪問學者還是教授？」

「教授。」他很平和地回答。

我再接著問：「那您是？」

「我是楊振寧。」

我頓時趕緊站起來說：「唉呀！我就是仰慕您的大名才來這個學校的。真是有眼不識泰山北斗！我讀過您得獎的論文〈在弱交互作用力下「宇稱性」並不守恆〉。」

他說：「那是很久以前的事了。」後來又說了些什麼，

因為當時太興奮，都不記得了。過了沒多久，校車來了，我們一起上了車去搭長島火車。

這次遇到了多年仰慕的偶像，當然是喜出望外。同時在這難得的偶遇，私下只有我們兩人的見面，親眼看到楊博士謙沖自牧、平易近人的真實生活。當時他已得諾貝爾獎，功成名就二十多年，過的生活卻還是像留學生一樣，實在讓人感動、欽敬不已啊！

過後還有個小插曲，楊博士有個女兒，當年剛進石溪大學一年級，好像是主修生物，算算應該小我八屆。我們宿舍的室友，有位同學在學校認識了她，也要到了他們家的電話號碼。當時還沒有手機，不像現在這麼方便。有個週末，這位同學一直想約她出來，但始終不敢撥電話，生怕萬一是楊振寧接電話怎麼辦。大夥兒起鬨，我說不試試，怎麼知道不行？於是自告奮勇地說：「我幫你打，我見過楊振寧，他非常平易近人，應該沒有問題。」我問了楊小姐的英文名字，就撥通了電話，那頭接電話的人，一聽果真是楊振寧。

「你找哪位？」「我們找某某。」「你哪裡找？」「我們是她同學。」「找她什麼事？」我愣了一下，心想怎麼辦？看了一下同學，回答：「沒什麼事。」電話那頭說：「沒什麼事，你找她做什麼？以後沒事不要打電話來！」「噢，那沒事了，謝謝，再見。」掛了電話之後，大家全笑翻了。這場景一輩

子也難得碰上一次，後來聽說他女兒第二年就轉學到康乃爾大學去了。天下父母心，許多父親保護女兒，要到女兒結婚時，將女兒的手交給女婿的時候，才放得下來。

「夕陽無限好，只是近黃昏」源自李商隱的五絕〈登樂遊原〉：「向晚意不適，驅車登古原。夕陽無限好，只是近黃昏。」近代人吳兆江先生將之改寫成為比較正面的「但得夕陽無限好，何須惆悵近黃昏」。楊振寧博士在他從石溪大學退休的演講會上，便引用李商隱及吳兆江的句子。聽同學說，他倒數第二張投影片用的是「夕陽無限好，只是近黃昏」，與會的人便受到影響而有點傷感。他最後一張投影片用的是「但得夕陽無限好，何須惆悵近黃昏」，頓時會場響起了熱烈掌聲。這樣的壓軸真是漂亮，楊振寧博士從心境上正面地轉變境界，再給大家上了一課。心境上的正面對待，可以產生很大的力量。王勃在〈滕王閣序〉裡寫的：「老當益壯，寧移白首之心？窮且益堅，不墜青雲之志。」重點是在於「不墜青雲之志」啊。

曾經看到一篇跟楊振寧有關的報導文章〈這應該是關於物理學最強的科普〉（來源：中科院物理所；2016.07.26 半導體圈）：

特別註明：本文素材主要摘錄自加來道雄的《穿梭超時空》（*Hyperspace*）和丘成桐的《丘成桐談空間的內在形狀》（*The Shape of Inner Space*）。我們的想法是：憑藉本文，回顧一下兩百年來的科學史，看看那些代表著人類最高心智的數學家、物理學家們前仆後繼探究宇宙本源的奇妙歷程，並向他們致以最崇高的敬意！這是一部壯麗的物理史詩，這是一串光耀後世的姓名。他們是：牛頓、高斯、黎曼、麥克斯韋爾、愛因斯坦、楊振寧、羅摩奴詹、霍金、維藤……（且慢，最近十年，我們只能在娛樂版看到的楊老師，居然可以和那些大師比肩嗎？可以的！以楊老師和他的學生命名的楊—米場，即所謂標準模型，成功地解釋、整合了四種自然力中的三種。）那麼，這些智慧的頭腦到底有多智慧？我們普遍接受這樣一個結論，即我們現存的這個宇宙起源於一次大爆炸，英文叫做 Big Bang！但是，原子物理學家絕不可以止步在如此初級的常識上。他會告訴你，創世的剎那，是如下的演化階段：話說：一切，開始於 10^{-43} 秒……（10 的負 43 次方秒，也稱為普朗克時間，人類已知的最小時間存在。普朗克時間＝普朗克長度／光速。光速定義值：c = 299792458 m/s = 299792.458 km/s。請注意了，這是一個定義值，而不是一個測量值。

1954年楊振寧和他的學生羅伯特‧米爾斯（Robert Mills）將質子和中子之間的核力，發展出一套規範理論，這個理論現在被稱為楊—Mills理論（Yang-Mills theory）。基於規範對稱的要求，在楊—Mills理論中，中介交互作用的規範玻色子必須沒有質量，但是一般認為質子和中子之間交互作用為短距力，對應的玻色子應該有質量，因此楊—Mills理論發表後一度被束之高閣，一直到1960年，沒有質量的粒子可以經由自發對稱性破缺（spontaneous symmetry breaking）獲得質量的想法被提出後，楊—Mills理論開始受到重視，隨後成功地用在統一電磁作用和弱作用成為一個作用——電弱作用（electroweak interaction），也成為建立夸克之間強作用力的量子色動力學（quantum chromodynamics, QCD）的理論基礎。在1971年，楊—Mills理論被證明可重整化（renormalization）後，規範理論成為物理主流理論。量子色動力學和電弱理論合稱標準模型（standard model），是目前描述基本粒子之強、弱和電磁作用相當成功的理論，除了重力，該理論綜合了宇宙中的另外三種力場。這項成就奠定了楊振寧在物理學界的頂尖地位。從上面曠世奇才的大物理學家排名來看，愛因斯坦之後即是楊振寧，也就是說，現在還活著的大物理學家，楊振寧是世界第一人。當然在不同排名系統，會有不同的排序結

果，但是楊振寧在近代物理學的貢獻與成就，舉世的物理學界，有目共睹，自不在話下。

然而近十餘年來，有些人對楊振寧的私生活多有些負面報導。那些是個人或是他家庭生活的事情，卻揭人隱私地喧擾。這些負面新聞或許會使得有些人失去了對大物理學家應有的尊敬，造成不少人忽略了他在尖端物理學的驚世成就，而只關注他的私生活領域。這現象有點像是佛門的「近廟欺僧」；我們為了求道，去親近一位得道高僧，有緣跟他住在一起，每天早晚吃喝拉撒都會碰到。日子久了發現，怎麼老和尚不但得吃飯，也要上廁所；不但會打嗝，還會放屁。因而漸漸失去了對老和尚的敬仰之心，而忘記了原先親近高僧、求道的初衷。結果，入寶山而空手歸，白忙一場。

真希望看到媒體能夠多提供正面能量，使用簡單通俗的語言文字，報導一些楊振寧對於專業領域的貢獻，以及他在「標準模型」獨到的創見。為什麼他對於宇宙真相的探索、研究，能受到全世界大物理學家如此地尊崇？是什麼論點如此重要？可以給一般大眾什麼樣的啟發？我們回頭看看全世界的人，是如何尊敬、仰慕愛因斯坦在物理學上的成就。他的私生活、他的愛情故事，或是他對華人是有什麼異樣眼光，世人或許並不知道，也或許是西方人並不那麼在乎他的私生活。然而更重要的是，他的私生活領域和他在物理學上的尖

端成就是兩碼子事，不必混為一談。孔子中年出妻，晚年喪子，有心人或許會拿這些事情來做文章。但是這些事並無損他因一生致力於教育工作，「有教無類、誨人不倦」而贏得的「至聖先師」稱號啊！

3-7
與陳香梅女士跳 disco

　　進入博士班沒多久，加入了美洲中國工程師學會石溪分會。第二年也擔任了分會會長，協助總會舉辦一些活動。記得當年全美國總會的會長，是來自賓州的 Bethlehem，也是 Lehigh 大學的所在地。美洲中國工程師學會為了提升華人的社會地位，年會常常在紐約市曼哈頓著名的華爾道夫酒店（Waldorf Astoria Hotel）舉行。美國國會及政商要人經常在這間酒店舉辦盛大會議。1981 年的春天，學會總會聯合紐約附近幾所大學分會，舉行了盛大的年會。主辦單位邀請了當年正當紅、著名的華裔美人之一，陳香梅女士為年會的主要演講人。

　　陳香梅女士 1925 年出生於北京，求學於香港。1944 年，十九歲的陳香梅加入中央通訊社，由於她的英語流利，擔任中央社記者時，被派往採訪飛虎隊陳納德將軍。兩人一見鍾

情，她並於二十二歲時與年五十四歲的陳納德結婚。她和陳納德育有兩女，陳納德於 1958 年（婚後十一年）病逝美國，享年六十五歲。1963 年，陳香梅受時任美國總統甘迺迪的委任，成為第一位進入白宮工作的華人。1963 年至 1968 年間，她也為美國之音廣播電台工作，擔任電台的廣播員。1965 年，她成為中央社海外特派員，直到七十四歲（1999 年）為止。

1981年，應中國大陸領導人鄧小平的邀請，陳香梅以美國總統當選人雷根特使身分訪華，同行的還有美國國會聯邦參議院，共和黨副領袖的泰德‧史蒂芬參議員，成為鄧小平的座上賓。陳女士是美國華裔共和黨籍政治家，因為她優越的才幹，以及在中、美兩國從二次世界大戰以來特殊的經歷和歷史地位，幾十年來在太平洋兩岸三地，都受到尊敬和崇高的待遇。陳女士當年在華人圈聲望如日中天，常常穿梭於美、中、臺三地的最高領導人之間。她當天的專題演講鏗鏘有力、振奮人心。大部分內容我現在都忘了，只記得她花了很多時間，鼓勵在美國的華裔人士，在美國各行各業要力爭上游，開創出新的格局。畢竟早年華人在美國的地位，比起今天的情形，實在相去甚遠。

年會當天到最後的節目是舞會，華爾道夫酒店的舞池華麗、寬敞、挑高，可以想像有多少世界名流、達官貴人在此留下了身影。美洲中國工程師學會總會長希望多些後進將來

也能在此留下足跡、寫下歷史。石溪分會有一、二十人與會，同學們起鬨說去邀陳香梅跳舞。我的室友電機系博士班劉同學，曾是臺灣交通大學土風舞社社長，我們推選跳舞高手代表去邀請。但是沒有成功，這下子大家覺得有點糗。大夥嘻嘻哈哈地拱我去，我明知自己不會跳舞，還是硬著頭皮，鼓起膽量走到主桌去邀請。她說：「我不跳舞。」糟糕，又卡住了，我摸摸鼻子正準備打退堂鼓。她卻說：「我不跳慢舞，我只跳 disco。」我趕緊回答「好啊！」其實心裡知道完蛋了，真是趕著鴨子上架，也不知自己在跳什麼。

多年後我在德州達拉斯的意法半導體（ST Micro）任職，也參加了美洲中國工程師學會達拉斯分會，並於 1992 年擔任年會的主席，當年大會的主題是「Career Window」（職場生涯之窗）。年會最重要的工作便是請到重量級、知名的演講者，使會員們受益，也能使大會增光。我們建議了幾位人選，包括陳香梅女士、張忠謀先生等等，籌備人員都覺得機會可能不大或者沒有把握。我當時找出了陳香梅女士的名片，直接打電話到她辦公室。接電話的是其男性祕書。我簡單地自我介紹之後，說明我們想請陳女士 Anna Chan Chennault 到達拉斯來演講。電話中他回：「You can forget it. She will not go！」（你算了吧，她不會去的！）講話有點衝。我回說：「沒試過，你怎麼知道？」對方愣了一下說：「OK, I will give it a try.」（好的，我試試。）我也趕緊說，謝謝幫忙。

　　隔了一天，陳香梅女士的祕書就回電話說她很願意、也很高興來參加，而且她自己出機票，只要我們幫忙安排旅館及行程接送。接著籌備夥伴德州儀器（TI）的盧克修博士也傳來好消息，說張忠謀先生也接受了邀請。這真是雙喜臨門，兩位都是重量級、世界級的知名人士。對中工會會員及想參加大會的人，都會有十足的吸引力，好的開始就成功了一半！大會因此安排兩個主題講演（key note speech），中午午餐時由陳香梅女士主講，晚餐會上由張忠謀先生主講。兩場演講都非常精彩，也都各有粉絲爭相發問及照相。

　　記得張先生演講時，陳香梅坐在第一排，我坐在她旁邊。張先生一開頭慢慢地說：「今天大會訂的這個講題『Career Window』，這麼多年來，我不知道 career 還有 window！這 window 是什麼意思？」我開始有點坐立不安，怕他當場問這主題是怎麼訂的？是什麼意思？陳香梅女士在旁邊悄悄地說：「他好像不是很高興。」我沒作聲也不知要說什麼。張先生接著說：「我猜主辦單位認為 career 像火車在隧道（tunnel）裡面開，到洞口可以看到光線，career 像火車過了一個山洞又一個山洞，就像有 window 那樣。」後來漸漸進入主題，也很切題，而且後面愈講愈精彩。我直到今天還不知道張先生這樣的起頭，是不是故意的，是不是一種演講藝術？反正

我當時已經流了一身汗。

回想當年念大學三年級的時候，看到一個演講公告，講題是「說話的藝術」，主講者是世界新聞專科學校的祝振華教授，演講時間是晚上七到九點。因為這個講題在當年很熱門，時間不到，教室就擠滿了聽眾。可是等呀等，到七點半了還看不到主持人，也不見主講人。正當大家都等得很不耐煩的時候，看到兩個人急急忙忙衝進教室，主持人簡單地介紹祝教授後演講開始。教授劈頭就把時下年輕人如何不懂事、不懂禮貌、不懂敬老尊賢、不守時、整天醉生夢死、不知上進、不知進退……狠狠地對大家數落了一頓。聽眾絕大部分是學生，被這些突如其來的教訓弄得一頭霧水。正感到有些莫名其妙的時候，祝教授稍微露出了笑容說：「說話要懂得藝術技巧，演講最忌諱老套，一開場，『各位女士、各位先生，我今天要講的題目是……』，這樣的開頭，俗不可耐、了無新意。剛才的起頭就是一個示範。演講也要有『起、承、轉、合』，開場和壓軸結尾最重要。」啊！他發了半天牢騷，竟然是為瞭解說「演講藝術」。

事後我們才知道，原來祝教授從臺北南下，跟主辦人相約在中壢火車站見面。可能是沒溝通好，當年也沒有手機，兩人互相找了大半個小時才找到對方。害得強調守時的祝教授演講遲到，一肚子的氣，從演講最開始發飆了五、六分鐘，

氣才消了一些。不過這一堂有點震撼的「說話藝術」演講，留給我一生難忘的印象。

2018 年清明假期，看到網路上登出的新聞：

《華盛頓郵報》報導，第二次世界大戰時美國飛虎隊將軍陳納德的遺孀陳香梅 3 月 30 日在華府過世，享壽 94 歲。華郵報導，陳香梅 1947 年在上海嫁給二戰英雄陳納德將軍（Claire L. Chennault），聞名國際。陳納德在二戰開始後組成志願軍飛虎隊（Flying Tigers），協助中國對抗日本侵略。陳香梅，1925 年 6 月 23 日生於北京。對日抗戰期間，19 歲的陳香梅時任中央通訊社昆明分社記者，與組建飛虎隊協助中國對日抗戰的陳納德結緣，進而結縭。兩人年紀相差 30 餘歲，育有兩女，頗為恩愛。陳香梅把兩人相識相戀過程寫成《一千個春天》一書，還被臺視拍成八點檔連續劇。陳納德 1958 年過世後，陳香梅撫養女兒，繼續在華府政界發揮影響力，對美國的對華政策影響極深，也是早期在美國政界嶄露頭角的少數華裔女性。

當年那段共舞 disco 的往事，也成為我回憶裡深刻難忘的一頁。

3-8

師長教誨
——世界級的期許

Levine 博士是我博士論文的指導教授。他是 SUNY at Stony Brook，石溪大學材料工程系及研究所的創辦人，也是首任系主任。他早期曾任 RCA 的高級研究員，並且在電子物理及元件、電子材料、財經管理，及投資公司資產管理上都有許多專業論文及書籍出版。Levine 不但在半導體電子專業發表非常多重要論文，同時也強調跨領域研究的重要性，如此才能觸類旁通，更能夠增加創新的機緣。

我非常幸運能遇到這位恩師，Levine 教授非常照顧學生。在我做研究時，只要有一些進步或好的成績，他總是給予最大的、正面的鼓勵與支持。我常常聽到他刻意地、表徵性地讚賞，他總會用那些 great、super、perfect、wonderful、marvelous、excellent、terrific 等等有些許誇張、帶著興奮的字眼來稱讚。經常聽到這些話，我後來也會琅琅上口。

Levine 教授的鼓勵方式對我似乎很受用，即使是受到謬讚，也會更加努力，來達到他的期望。

後來我在美國賓州大學的 Wharton School 接受為期五週的 EMBA 課程，期間有一個 case study，是哈佛商學院做的研究。他們將一組約十個人的哈佛商學院畢業的高材生，與另一組也是十個人從其他一般或次一等學校的商學院畢業生，分兩組來做比較對照。實驗重點是把第二組人員完全當作哈佛商學院畢業的高材生加以對待。結果十年後，這兩組人員在他們的職場及事業成就上竟然不分軒輊。教授說他們用的標準是，可數的個人平均薪酬待遇和所負責職務的具體成績。結論是，正面對待人的態度、方法及對人的期許、讚賞，都會對一個人未來的發展產生非常大的影響。正面的鼓勵成了自己不斷認真努力的動力，成績也有進步。

在研究工作中，有一次我從半導體能量帶（energy band）的理論，以能量帶分析圖（energy band diagram）來預測以不同半導體薄膜材料重疊沉積，應用在太陽能電池時，可能會有的現象，做出一個理論模式（model）。提出後，先跟兩位指導教授及 Brookhaven 國家實驗室的同事們進行專題討論。當時出席的科學家及同事們，包括我的指導教授在內，對這個 idea 多半都抱著懷疑或等著看的態度。

接著我利用實驗室已經有的器材，同時採購了一些重要儀器，幾乎從零開始（start from scratch），來設立實驗

架構及步驟。因為這是自己提出的構想，面對挑戰，動能十足。日以繼夜地進行不同元件試品的製作，並試驗著各種實驗參數。努力了幾個月之後的一個深夜，原先的理論預測，在實驗繪出的光譜上，很明顯地印證了出來。第二天一早我興奮地將光譜圖拿去給Levine教授看。他看了之後，第一句話便問：「你什麼時候要畢業？」這問題讓我受寵若驚地說：「我還沒有考博士資格考試（Qualify Exam）呢！」他說：「那趕快考啊！」後來將這個研究發表在美國電化學論壇上。記得我們做presentation的時候，當時有位任教於德州大學UT Austin，非常著名且是世界級的美國電化學教授——艾倫‧約瑟夫‧巴德（Allen Bard）說他們也在做類似的實驗，對我們的研究非常認可，希望跟我們多交流討論。

　　在生活當中，如果有機會遇到貴人，他們簡單的一句話，就可能讓我們一生受用不盡。在這裡將個人感受力很深的一句話提供給各位做參考。Levine 老師曾經教導我：「如果你是世界級的，任何研究領域，進入半年就要成為專家，一年就應該可以寫論文了。」因為我們的訓練除了有紮實的基本學術專業基礎外，並且有做研究的方法與系統流程，再加上不折不撓、認真、負責任的精神，如此才能有世界級的研究實力與水準。即使進入一個新的研究領域，也會很快有好的表現。Levine 博士以自身的經驗及跨領域的研究成果要求我們，著實對我後來在半導體的工作有很大的助益。

第 4 篇

職涯挑戰
——科技公司的磨練

博士班快畢業時，很幸運地有幾家公司的工作機會。但是我的論文指導教授幫忙做了分析，強力推薦應該進入給的 offer 最低，當時還不是很好，卻很有潛力的公司英特爾。給我 offer 的長官告訴我，你的半導體材料背景很特殊（unique），因為當時電子公司多半是學電機、電子工程的。跨領域的訓練，不但可以增加學習視野、觸類旁通，也會增加工作上的機會與競爭力。

在英特爾受到非常好的各種專業訓練，進去的第一年就分期接受了半導體物理、製程、設計原理及計畫管理（project management）等訓練，也因此奠定了對半導體學習的基礎，也擴大了對產業的視野。當年在英特爾感覺最深刻的是其在品質及可靠度的專業及堅持。我以為自己做研發已經很懂了，沒想到卻在他們部門受到了震撼教育。

之後在幾間大公司歷練，尤其是在意法半導體更受到許多研發、生產及管理方面的訓練及磨練。當年意法從CEO 親自帶頭示範、分層教學全公司，全方位品質管理（TQM）的訓練，讓我印象深刻。到現在有兩句對管理者

的要求——Management Commitment（管理者的承諾），以及 Fact-based decision making（基於事實做決策），記憶尤深。最後到聯電也受到技術及業務方面的考驗。大公司的訓練、磨練、考驗，都會使人成長。問題是一個不小心，背負著大公司的光環，以為自己也會發光，真的會高高在上，忘了自己的平凡，而不再接地氣。在產業界重視客戶是理所當然的，然而，從投資者、員工同仁、供應商、代理商、產業夥伴，整體性的支持到位，哪一樣少得了？任何成功豈會是偶然的？

4-1
英特爾紮實訓練

博士班畢業後第一個工作便是在世界級的公司英特爾從事技術研發。到英特爾時，帶領一位技術員，剛開始便覺得連技術員所講的話都非常有學問，甚至於有時候還聽不懂技術員他們在說什麼。這個時候 Levine 教授世界級的期許言猶在耳，認真努力了大半年之後，漸入佳境。英特爾是一家制度完善，管理相當嚴格的公司。新進員工都會由公司安排相關的各種科目訓練，每一期約十堂，兩、三個月的課程，教師大多由公司內部專家及資深人員來擔任。進入英特爾之後，一年多的時間，上完了元件物理、製程整合、IC 記憶體設計及計畫管理（Project management）等課程，頓時感覺眼界大開。英特爾在業界被稱為 Intel University，表示它真的為半導體業界訓練了很多人才，功不可沒。

當時公司嚴格要求員工上班不可以遲到，記得有一次我

忙著做元件測試實驗，到半夜兩點才回家休息。第二天早上起床晚了些，匆匆忙忙趕到公司已經八點四十五分了。公司規定八點半要到，遲到十分鐘以上，需要直屬長官到門口來接你進去。我向警衛說明，前一天工作忙到半夜兩點，所以來晚了。他照章辦事，冷冷地看著我說：「每個遲到的人都這麼說！」主管 Leo 走到門口來接，我當下一肚子不服氣，委屈埋怨全發了出來。他回答我：「下次再忙到那麼晚的話，就九點以後再進公司上班。」我若有所悟地欣然接受。Leo Yau 博士是我早年在英特爾擔任工程師時的直屬長官，他當時已是英特爾那個廠區最高階的技術主管，同時在半導體領域已是世界級的人物。早年他發表的〈Short Channel Transistor Charge Sharing Model〉是他在貝爾實驗室時發表著名的論文，後來被稱為 Yau 氏模式，並放在很多半導體物理學的教科書中，也被收入了半導體物理界的「聖經」——施敏博士的經典之作《半導體物理學》之中。

　　1983 年，有次我設計了一個量子穿透（Quantum Tunneling）的實驗，在晶圓 Wafer 上將二氧化矽 Silicon Dioxide 薄膜長 26+/- 2 A（Angstron, 10^8 公分），28+/-2A，30+/-2A 三個 split 來做實驗分析。當時的廠長很有意見，向 Leo 抱怨說不知道我們在搞什麼！他說：「我吹一口氣，晶圓上的二氧化矽就長好幾 Angstron，你們還分成 26、28、

30+/-2A，你們知道自己在做什麼嗎？！」當時我也在場，便毫不客氣地向他們兩位說明我的見解。並且說，不要說 2A 了，即使是 0.5A，我也可以精確地量出它們的差別！廠長顯然不同意，也不願善罷甘休。Leo 便打圓場要求各讓一步，同時要求我給同仁們一個技術的專題演講。而且條件是，講得要讓技術員也聽得懂。我直覺地回答：「這個講題可能連碩士、博士都不一定聽得懂，更遑論技術員了。」那時他便很嚴肅地說：「如果你真懂，你就能講得出來，讓高中生程度的人也能聽得懂！」這句話我是第一次聽到，也不太懂為什麼。但是這個激將法刺激了我，於是硬著頭皮答應，接受這個挑戰。用功花了將近一個月的時間，充分準備了資料及使用各種道具，從基本的、簡單的講起。後來有幸達成使命。其實在準備報告的過程中，自己學了很多，也受益良多。Leo 這句話，對我後來的專題報告，都有著很大的助益。

在當時自己所參與的元件計畫，下了很深的功夫，對其中一個元件物理現象的主流理論解釋模式，產生了懷疑。當時半導體物理界對氮化矽（Silicon Nitride）的主要導電機構有兩種模式理論。一派主張電子模式（electron model），而另一派支持電洞模式（hole model）。然而這兩種不同論點應該只有一種是對的，而另一種是錯的。後來我與Leo分別整理兩種不同理論的解釋及實驗的資料，在研討會中講給三十

多位英特爾的元件物理專家、工程師們聽。會後還是沒有結論，我們便決定寫成論文，同時先請兩位半導體大師級的教授來做評論。一位是UIUC（University of Illinois at Urbana-Champaign）的薩支唐教授（Professor C. T. Sah），另一位是Arizona State University的迪特·施羅德（Dieter Schroder）博士。結果兩位大師及當時他們的博士班學生們看過後都不願下結論。後來這兩篇論文發表在同一期的《*Electronics Device Letter*》期刊上。當時那股衝勁是因Levine老師的激勵還牢牢在心，而讓自己在半導體研究領域扎下了根基。事後也讓我非常感佩Leo的寬宏大量，對當時初出茅廬的我，有如此大的容忍度。現在想起來，感恩而且深感內疚。

1983年間，擔任製程工程師一陣子之後，主管要我申請買一套LPCVD的爐管，我填了申請單便交給部門祕書處理。幾星期後，主管問我買爐管的事情進行得如何了？我說已經填過申請單交給祕書了。他說，然後呢？我愣了愣，趕緊去查看狀況。結果那張申請單還放在祕書待辦文件箱的最底層，完全沒有處理。我問她，怎麼文件還在這裡，她反問該怎麼處理？這件事讓我很自責、慚愧了很久，也給我重重地上了一課。負責該做的事情，不是做了一部分就不管了，過程中自己也得跟進（follow up），直到處理好了，或是有人接手後續工作，才可以告一段落。在職場上，我常常以自己早期

經歷的這個例子提醒同仁，要注意跟進所從事的工作計畫，避免掉球。

　　我當年在英特爾做技術開發，研發出來的產品技術，需要由品質及可靠度保證部（QRA）驗證過關才能上生產線做小量的試產。那時候剛剛從學校到半導體產業，以為研發單位是公司裡面最有學問的部門。有一次跟 QRA 的主管們開會，該部門不太滿意我們的測試結果，要求我補充資料。當時我並不太瞭解 QRA 部門，也不知道英特爾品保部門高手如雲、臥虎藏龍。還以為自己很厲害，很有自信地去跟他們理論。討論了幾分鐘之後，就開始發現那是一堂震撼教育課。「高人一出手，便知有沒有。」被重重打了一拳，幾乎是被轟出來的。要我回去把他們在 IRPS「國際可靠度論壇」發表的論文好好讀一讀。受到的震撼教育，一輩子都忘不掉！才知道那時候在英特爾是 QRA 的人說了算。到今天幾十年過去了，我還清楚地記得兩位高手的名字，Dwight Cook 和 Bill Meyer。回去認真地讀了他們所發表的論文之後，才認識到其權威性是以實力做後盾的，人家真懂啊！後來再進 QRA 的實驗室或是他們的辦公室，就變得謙虛些，說話也小心多了。

溝通表達不易

1984 年夏天加入摩托羅拉半導體部門，擔任技術經理。有一次非常認真地花了兩個月的時間，準備了一份演講報告。自己覺得組織排序得還不錯，於是先把簡報的投影片向直屬長官做個預演。他聽完之後，並沒有說什麼，只是用了兩分鐘的時間把投影片的次序重新整理過，當時我也覺得新的次序確實好很多。只是這件事在我心裡留下了陰影，自認為實力還不錯，而且用心花了兩個月的時間準備的演講報告，為什麼老闆可以在兩、三分鐘就重新編排得比原來還要好？

過了好一陣子，心情比較平和後，才領悟到我在做資料準備的時候，都是從「我自己」的角度來準備。我做了什麼、我想說什麼、我可以怎麼做。而長官看的時候，他是從較高一層，從公司的角度，或是市場、客戶的需要及未來方向，來看這些資料應該如何表達。這一來一回，自然就知道孰優

孰劣了。想清楚之後，心理上也坦然舒適了許多。這個經驗對我之後準備簡報或演講方式，有深遠的影響及助益。常言所說的「不識廬山真面目，只緣身在此山中」及「旁觀者清」都是很有道理的。回頭想想，當時最大的問題便是出在有嚴重的「自我」，因而看不清楚所面對的事情及環境狀況了。

後來轉往達拉斯的意法半導體工作，負責先進製程開發，當時意法的美國總經理是 Daniel Queyssac，他是業務出身，偶爾會開我們這些技術背景人的玩笑。有一回我們同台講話，他的開場白說，工程師們做簡報的時候，如果沒有投影片，常常一句話都說不出來。即使準備了一堆投影片，別人聽了半天，也不知道他們在說什麼！ Daniel 雖是在開玩笑，但他說的還真有點傳神。在美國半導體、高科技公司的外國工程師相當多，尤其是亞裔的更居多數，其中大多具博、碩士高學歷，但是表達能力多半有所欠缺。會場裡眾家工程師夥伴們聽了只得乾笑，我也有點怪怪的感覺。他接著說，做業務的，一張投影片都沒有，就可以講大半個鐘頭。我開始覺得 Daniel 是在對比我們兩人，然後他接著說，不過，工程師們講的八成都是實話；而我們做業務講的「官話」比較多。美式幽默，他也順便開了自己的玩笑，化解了尷尬及對立。但是這個笑話也提醒了我們華裔工程師們，要更加注意溝通及表達的能力。同時，做業務的，也需要增強自己技術

的實力。

意法半導體當年的 CEO 是帕斯奎爾・皮斯托里奧（Pasquale Pistorio），他是世界級的半導體界領導人。早年他在摩托羅拉負責歐洲業務，自己還會說流利的四國語言。當年將法國的 Thomson 及義大利的 SGS 合併成「意法半導體」，他將跨多國文化的兩間公司，調理成世界頂尖的高科技公司。多年來對全世界半導體產業有重大貢獻，他本人也贏得半導體產業界的高度尊敬。有一次他到達拉斯來視察，安排各部門主管輪流報告。我講了幾張投影片之後，帕斯奎爾開始問了第一個問題，我說答案在下一頁，等講下一頁時，回答了他的問題。幾頁之後，他接著又問了個問題，我又說，答案在下一頁。解釋完之後，他說他不再問了，因為答案又在下一頁，引起了哄堂大笑。後來連我自己也有點驚訝，怎麼這麼剛好，他問題的答案都正好在下一頁？原來是從前在摩托羅拉的長官給我的震撼教育訓練起了作用，能從聽眾的角度來準備這些資料進行溝通表達，如此一來，聽眾的問題，答案可能就在下一頁了。

4-3
意法半導體管理挑戰

1986 年加入意法半導體公司達拉斯廠區，負責技術開發。這個廠區是接收原來 DRAM 王牌公司 Mostek 的總部。意法用很低的價格買下了這間公司，後來每年從 Mostek 的 DRAM 專利，所收到的權利金，就超過當初的買價，買得還真是划算。Mostek 當初在 DRAM 領域已是全世界的翹楚，但是在一個新製程技術由一層鋁金屬導線（single metal）提升成兩層鋁金屬導線（double metal），製程轉換，上量產時，品質可靠度出了問題。一時之間來不及解決，以至於每天虧損上百萬美金。不到一年就撐不下去了。轉手賣給意法半導體的兩年後，我還在公司倉儲中看到整排、整排，全新未開封的，當時最先進的機台，等待處理轉賣。腦中浮現出前朝人的雄心壯志，很可惜出師未捷，而功虧一簣。

Mostek 原公司仍有很多優秀員工留下來,技術專業知識也保留得相當不錯。在這個根基上帶領研發團隊,成果進展很順利,此廠區技術藍圖的推進,很快就又回到世界級的水準。我個人也因此受惠,幾年時間便被提升為廠區總監。在廠區總監人事發布過後沒幾天,人事經理 Bill 緊張地對我說:「有很多人不服氣,你可能得趕快跟大家講講話,談談你的想法及管理理念,讓大家多認識認識你。」不記得當時自己感覺如何,或許面子先要撐著,便說:「給我三天時間準備,你先去安排一下。」

當時三個廠長,兩個前段廠是德州本地人負責。副總級、處長級的主管大多是美國各地或歐洲來的。自忖著大家在想些什麼?原先都是平行的同事,而且每個人都比我資深、比我年長。一個亞洲臺灣來的人管研發,還勉強可以接受,現在爬到上面來管我們,這小子懂什麼?只懂技術就想管我們這些老將?是可忍,孰不可忍?一個臺灣來的年輕華裔,怎麼能帶得動法國、義大利的歐洲公司在美國的英雄好漢呢?其實當年我已經快四十歲了,從博士班畢業也工作十二年了。可能是東方人看起來相對年輕,威儀不夠,使得同儕有疑慮(concern)。同時自我反省,技術出身的人,尤其是亞裔的工程師,在美國給一般人的刻板印象是勤奮但木訥、誠實但講話不知所云。「君子有三變:望之儼然,即之也溫,聽其

言也屬。」或許是望之不儼然，講話不夠清楚，表達也不夠堅定有力，而引起別人對個人的能力產生質疑，自己確實也應該檢討負責。

Bill 將會議安排在大禮堂裡，台下約有七、八十位主管，大家都在交頭接耳。我從講台望下去，感覺溫度很高，似乎在冒煙了！然而今天是希望能講出個道理，說出個所以然來，以求化解心結、解決問題，絕對要避免任何對立的情況出現。這次溝通會議非常重要，我該說些什麼？該怎麼說呢？經過幾天的準備，心中有了點底。這是在美國德州，當然是用英文講，平常英文並不怎麼樣，沒想到上了台，忘了我是誰，反倒流利起來了。還記得世新大學祝振華教授講的，演講最忌諱以各位女士、各位先生的老套開始，而要先能掌握場面的氣氛。我省去了問候語，以一個簡單的常識問題開頭。「太陽從東邊昇起，西邊落下，對不對？認為對的請舉手。」差不多一半的人舉手。「認為不對的請舉手。」有一小半的人舉手。「為什麼不對？」聽到底下有人說：「因為如果對，你就不會問這麼簡單的問題了。」還好有點邏輯性、有些幽默感！於是有人笑了，這是個好的開始。我說：「有一點科學訓練的人都知道，地球自轉，同時繞行太陽轉，什麼時候變成太陽繞著地球轉，還從東邊昇起西邊落下？又為什麼我們到了屋外，每天都看到太陽從東邊昇起，西邊落下呢？」

我接著問：「到底錯在哪裡？」其實聽眾中已經很多人知道答案了。

我說，我們大都非常主觀，都是從自己的位置，自己的角度、角色來看人、事、物，所以我們看太陽，就對著我和所站的地球轉了。這麼簡單的、大家都明白的自然現象，都看錯了。換成了複雜的生活、工作中的人、事、物，我們能看對多少？那麼應該怎麼看才對呢？台下變得安靜了些。我接著提出以下幾點：

客觀（Be Objective）

多換觀察位置、多用不同的參考點，如此做就對了。這個時候再看著聽眾席上，好像不再冒煙了。我們要做對的事，然後把事情做好，該注意什麼？我有什麼想法或領導管理的理念？每個人或許有不同的角色，但是有些觀念、態度是大家共同需要注意的。

頭腦清楚（Clear mind, clear thinking）

我聽到有人在底下說，我們頭腦都很清楚（可能心裡想，怎麼這麼白癡！），我接著問，什麼叫頭腦清楚？並不是 IQ 很高、很聰明、很機伶。正好相反，是知道自己的弱點、弱項（聽到底下有人說我們沒有弱點！）。意思是先瞭解自己，

而最重要的是瞭解自己的弱點、缺點。從自己、自己部門做起，然後推廣到公司、到小環境、大環境。各部門，公司高層都需要做 SWOT 分析（Strength, Weakness, Opportunity, Threat），為什麼個人就不需要？分析時也要注意到客觀，多用不同參考點。個人的 SWOT，自己私底下先做做看，會發現自己的問題真的不少。同時各部門及公司都得做現況競爭力及前瞻規畫分析。現況分析，知道你當下的狀況及競爭力（Benchmarking to know where you are.）；前瞻分析，知道你將往哪裡去（Forward looking to know where you are going to.）。

自信（Confidence）

可愛的同事們在下面說，我們都很有自信！同事們最不缺的就是自信。但是我說，自信是要建立於實力的基礎之上（Confidence is based on competence.），同時也要有前面所說的「客觀的觀察」和「頭腦清楚」做基礎的。有實力、有競爭力，又清楚瞭解自己的弱點去加強改善，這樣產生的態度才叫自信（self confidence），不然就叫自大（arrogance）。有自信的人表現出來的態度是謙虛的，因為他知道自己的弱項；自大的人表現出來通常是傲慢的，外強中乾，是容易折斷的。這段話說完，室內氛圍溫度好像清涼了不少。

眼光（Vision）

啊！我們眼光都很好。老美、德州佬，直率。我問什麼叫眼光？眼前的東西能看得見、看得清楚，不是我們要談的眼光。大凡我們對任何事情，起初只是知道（knowing），進一步研究而有瞭解（understanding），有了深入的瞭解便開始有感覺（feeling），有深層的感覺（deep feeling）之後，便可能知道下一步、下兩步會怎麼樣，該怎麼走。有了這些基礎才叫眼光（vsion），不然的話只是幻覺（hallucination）。而且眼光不是只有領導人或高階主管才需要，所有同仁在自己負責的領域都需要有眼光，都要知道後面幾步該怎麼做、該怎麼走。人無遠慮，必有近憂。往前看，得有眼光才能增加成功的機會。以這樣的標準，要有眼光就不是那麼容易了。看起來，現場的火焰幾乎全消了，大家心情也平穩多了。

責任感（Sense of responsibility）

有責任感的人，即使自己能力有所不逮，也會想盡辦法，找人幫忙把事情做好。我們需要觀念正確（correct mindset）、態度正確（right attitude）、有責任感的人一起努力。因為觀念正確會做對的事情；態度正確會認真做好對的事情；有責任感的，即使自己能力不夠，也會找人幫忙盡力把事情做好。這些重要啊！

團隊精神（Team spirit）

我們的工作、計畫都相當複雜，沒有一個人，能以個人之力就把所有的事做好。一定得大家合作、溝通，努力才有機會把工作做好，把計畫做成功。如果大家的力量分散，甚至於互相對立、方向相反，其總和有可能會令大夥做虛功。有共同的目標（common goal）是團隊合作，有團隊精神最重要的要素及動力。大家一定要同心協力，將力量用到同一個目標方向，通力合作，公司計畫才能夠成功。

健康的人生觀（Healthy life philosophy）

我們的工作一定都會有困難、有挑戰，需要大家的堅持，不斷地努力與付出，才可能有成績。認真、努力、負責，個人才會有成就感。如果又能幫助別人、幫助團隊，就會贏得大家的尊敬。自己有成就感，又贏得尊敬，這樣的生活才有意義、才快樂啊！

講完之後，請同仁多想想這些看法及理念，而且再次強調，希望團隊的成員都是「觀念正確、態度正確、有責任感」的。末了聲明，隨時歡迎同仁到辦公室討論（open door policy），現場也回答了不少問題。會議結束散會的時候，二廠廠長走到最前面來問我：「你這些資料都是從哪裡找來的？為什麼我們以前沒有看到過？」我回答，內容是融合了多方

面的管理觀念，加上我自己多年來的心得。其實東方古老處
世待人的智慧，融入美式科學管理的準則，就會是一篇很好
的教材。但是也需要注意到文化上的差異，以免引起對立。

回到辦公室，Bill 特地過來，很高興地跟我說：「降溫成功，
加油！」

4-4
TQM 全方位品管藝術

　　半導體工廠，生產的日常管理，對廠長及主管級人員來說都是高難度的挑戰。每天都「壓力山大」，做得好，做得對，日日改善，天天進步，固然值得欣慰，也是團隊大家自我要求，應該做的。但是如果有些閃失，或是機台出了狀況，或是人為疏失，上級的責難還在其次，自我「當責」的高標準，才真讓人透不過氣來。

　　在意法半導體負責生產管理的時候，有一次晨會，注意到其中一個廠的夜班，晶圓破損率特別高，而且都是從同一個時段發生的。負責的經理說，他們已經找出原因，都是同一位女性操作員造成的。已請領班重新加強訓練，以後不准再有相同的狀況發生，之後果然安靜了幾個星期。沒想到不久之後，破片情況又接連出現，經理說已經準備將她開除。我說等一下，先請 TQM manager（全方位品管經理）到現場

看看，到底是怎麼回事？隔了兩天，TQM manager 在晨會上報告，這位操作員個子特別矮，而這座爐管機台是四層往上疊的。第四層爐管較高，她即使踮起腳尖也看不清，也不太搆得著其中放晶圓的晶舟。踮起腳尖的身體，或是手臂手指的平衡，只要稍有差池，晶舟晶圓就有破片的可能。這像是要求一般人表演特技，都不會有失誤才怪呢。那麼該怎麼辦呢？多數人說將她換到別的部門，但 TQM manager 建議改善那個工作環境，架一個雙層安全的梯子來操作，以後即使身高較矮的操作員來，也不會有問題。照這個方式改善之後，果然就不再發生相同的問題了。

「走動式管理」——「現場管理」確實是有道理、有價值的。TQM 的管理在 90 年代是各家公司內部管理學習的重點，記得當年意法半導體的 CEO 帕斯奎爾·皮斯托里奧要求全公司力行貫徹 TQM 的理念及方法。他自己以身作則，親自帶領最高級主管的訓練，自己先親自講授資料，然後再要求層層主管在各級單位講授並實行。二十多年過去了，到現在還清楚記得當時管理原則最前面的兩條：

1. Management Commitment（領導者當責）；

2. Fact based Decision Making（依事實決策）。

在 1995 至 2000 年期間，世界各地的半導體晶圓廠像是得了傳染病一樣，發生火災的意外事件時有所聞。在 1996 年，

有一天半夜一點多鐘，我的 BB call 突然響起。回 call 之後才知道二廠有座機台起火，工廠人員正在淨空。我隨即衝往公司，在停車場就看到一大群還穿著無塵衣的同仁們，場面有點混亂。我立刻進入無塵室起火機台查看，現場領班隨即向我解說剛剛發生的事情及處理過程。

原來是在光阻濃度之前所要加的黏著劑 HMDS，操作員在瓶子中回補用料時，加料超過了滿量的上限。超量的黏著劑在機台重新開始操作後，有不少的 HMDS 順著晶片及轉盤往下流，一直流到轉盤底下的溝槽中。製程中轉盤加熱後，造成了某部分的 HMDS 起火。領班機警地馬上用滅火器滅了火苗，這時候大家以為沒事了，沒想到的是，表面的火苗是熄滅了，但是過了一會兒，在轉盤下面的 HMDS 又燒了上來。這個時候火勢比先前大了許多，於是工廠啟動了淨空的機制，員工都得盡速往無塵室外移動至安全處。機智的領班馬上再用第二個滅火器，二度將火撲熄了。我查看之後覺得應該可以很快回復正常工作狀態，同時稱讚領班處理得宜，表現得很好。

因為這是個工安意外，第二天 OSHA（職業安全與健康管理局）便派人來檢視。OSHA 的官員告訴我們，因為火災現場滅火器使用時違規，所以要罰款。我很驚訝地問是怎麼回事？檢視人員說，我們不能讓現場人員使用第二支滅火器，

這是違反 OSHA 規定的。我說當時如果不用第二支滅火器，那麼火燒起來，麻煩可就更大了。他回答，工廠火災，現場人員只能用一支滅火器。如果一支滅火器沒辦法滅火，就得馬上疏散人員，通知專業消防人員來處理。因為怕有爆炸危險，危害可能更大。

這次我算是上了一課，然而內心還是覺得好險啊！還好用了兩支滅火器，沒有造成什麼損失。事件之後，當然趕快加強消防教育訓練，同時滅火器也加大了分量，以策安全。

4-5
美光艾普頓他山之石

在半導體產業幾十年，工作從在英特爾開發 DRAM 技術開始。1984 年，英特爾的高登·摩爾（Gordon Moore）和安迪·葛洛夫（Andy Grove）有先見之明，取消了公司 DRAM 產品線，專注於 CPU 的產業。之後在職場生涯上，一路往 SRAM、logic、specialty products 等不同產品技術發展。經過了非常多年的轉變，仍然看到許許多多先進的半導體公司都難以忘情那量大、誘人的 DRAM 產業。到摩托羅拉參與 SRAM 產品的開發一陣子之後，也被派去幫忙 DRAM 計畫。到意法半導體幾年後，公司也想將 Mostek 的 DRAM 產品技術重新開發生產。在聯華電子也研發、生產利基型 DRAM，並開發嵌入式 DRAM 產品。

DRAM 的產業就跟它的名字一樣，非常 dynamic。但是因為產業界需求量極大，而引天下英雄競折腰。高度競爭下，

每隔一段時間就造成了業界產能過剩。DRAM 產業的循環，常常會是賺一年吃三年，再連續餓好幾年。然而其技術開發、機台成本及人力資源等，資本開支都極為巨大。如果遇上長期不景氣，那麼公司或是產業的虧損就可能是以十億、百億美元為單位來計算。如果口袋不夠深，就苦不堪言，甚至撐不下去。所以半導體業界對於 DRAM 又愛又恨。

1985 年，意法半導體買了瀕臨倒閉的 Mostek 公司，承接很多世界級重要的 DRAM 專利，包括最早期 1T／1C（one Transistor／one Capacitor）的原始設計及製作方法。後來幾年中，單單從專利的權利金，意法就賺了當初買 Mostek 價格的好多倍。我有幸躬逢盛會，負責研發團隊，瞭解到 Mostek 及意法半導體在專利上的威力。

1990 年代初期，意法半導體也想往 DRAM 發展。我銜命到愛達荷州的城市 Boise（博伊西）跟半導體廠商美光科技（Micron Technology Inc.）執行長艾普頓（Steve Appleton）談 DRAM 合作的機會及可能性。當年感覺博伊西是個荒涼、鳥不下蛋的地方。沒想到那裡不只盛產馬鈴薯、馬鈴薯片（potato chips），他們的「DRAM chips」也很要得。去博伊西之前，我先做了功課，知道艾普頓曾經在 Mostek 位於達拉斯的工廠工作過，而且聽說他在當技術員時就誓言要在三十歲以前當上總經理。工作之餘，他還去大學修課苦讀，

力求上進。我去見他的時候，他才三十歲出頭，他果真做到了！

因為艾普頓曾經在達拉斯的廠區工作過，人不親土親，我們很有話題聊。過程中，他對於我的華人背景非常感興趣。還好我小時候耳濡目染了一些中華文化，對談之間還能有些招架之力。沒想到他自修了非常多中國儒、道、各家管理及哲學的典籍。他還單刀直入地說，你們讀的《孫子兵法》，我也讀過，不要以為只有你們會「以夷制夷」，我們也會「以華制華」、「以日制日」，當時我真有點愣住。《孫子兵法》之前我只聽過書名，見過書皮，至於內容，我則不知所云，真是汗顏。早年我就聽說，美國知名的軍官學校都有開設《孫子兵法》課程。後來回到達拉斯，我趕緊到書局買了本中英對照的《孫子兵法》，原本以為信手翻翻就能看懂，努力了好多天之後，看得暈頭轉向而不知所云，只好先放下。2000年之後，在矽谷有很多創業家及高科技先進們，在演講中常常討論《孫子兵法》的中心思想，將「道天地將法」及書中之精華，用現代的管理觀念來介紹。

沒有真刀真槍的實力、沒有歷史文化的深度，即使僥倖成功，也可能難以長久。當年見識到艾普頓的功力，再看到美光日後的發展，應該是其來有自，是有道理的。雖然有一年，他曾經因為公司內部爭鬥而下台了一小段時間，愛達荷

州的馬鈴薯大亨們還是不得不將他請回公司，再接大任。

西方世界的有識之士，已然瞭解傳統中華文化中，確實有寶藏。華人子弟應該從小扎根，在科、儒、道、釋及諸子百家等智慧的精華，多多探討學習，將之應用到生活及工作中。如此，生為華人，才不會有緣遇到這些往聖之絕學，卻入寶山而空手歸。

美光是亞洲地區以外，碩果僅存的記憶體晶片製造大廠。英特爾與德州儀器（Texas Instruments Inc.）等都早已放棄這塊市場，將重點放到其他產品上。艾普頓是半導體業在任最久的執行長之一，他於 2011 年獲頒美國半導體協會（Semiconductor Industry Association）著名的羅柏諾伊斯獎（Robert N. Noyce Award），是實至而名歸。

艾普頓嗜好駕駛特技飛機，2004 年他在一起失事意外中差點喪命，當時有個半導體產業的會議，大家正在等他出席演講。主辦單位在會場宣布，艾普頓開飛機掛在電線桿上，還好沒有大礙。2012 年 2 月，艾普頓駕駛的實驗性飛機在博伊西墜毀，艾普頓喪命，享年五十一歲。一代 DRAM 大將，開著飛機離開了這個世間，著實令人扼腕。

1985-2000 年，那些年裡 DRAM 在世界各國的競爭暗潮洶湧，美國的 DRAM 公司包括英特爾、Mostek、TI 等都節節敗退，而日本的公司卻穩站前茅。有一次去日本拜訪當

時第一及第二名的日立（Hitachi）及東芝（Toshiba），心想他們應該是意氣昂揚、信心滿滿。沒想到兩家公司高層都憂心忡忡。細談之下，才知道他們都非常懼怕三星電子。我問道：「你們這麼強大，為什麼會怕當年在 DRAM 還名不見經傳的三星呢？」日立的高層說：「We work hard, they work harder; When we work harder, they work to death.」（我們努力工作，他們更努力；當我們更努力時，他們就做到死。）言談中，感覺到龍頭老大，當時也面臨強大威脅的戰慄。聽了這句話，心有戚戚焉，雖然經過幾十年，都難以忘懷。日立的高層又說：「不但如此，韓國公司也僱用日本的工程師從日本跨海到韓國上班，幫忙加速 DRAM 產品及製程開發。」韓國政府背後強力支持韓國公司，三星更有旺盛的企圖心。這樣的做法令當年世界第一、第二名的公司高層，不寒而慄，於今看來是其來有自啊！

為黛安娜王妃降半旗？

　　黛安娜王妃（Princess Diana）1961年7月1日出生於英國貴族家庭，是英國王儲、威爾斯親王查理斯的第一任妻子，亦是威廉王子和哈利王子的親生母親。1981年7月29日與查理斯王子在聖保羅大教堂完婚，全球有七‧五億人透過電視觀看婚禮直播。她美麗善良，婚後致力於推廣公益，關懷人民，成為著名的慈善籌款名人。黛安娜不只擁有美麗的外貌、高貴的皇室形象，更是人民心中溫暖善良的王妃。

　　然而，在眾人對她投以羨慕和景仰目光的同時，黛安娜也有自己的煩惱，她經常受到狗仔的騷擾。隨著查理斯王子外遇事件爆發後，在 1996 年 8 月 28 日與查理斯離婚。1997 年 8 月 31 日星期日，黛安娜在法國巴黎發生嚴重車禍去世，享年三十六歲。黛安娜王妃的人生雖然短暫，但對許多人來說，她的美麗形象永遠留在世人心中。

　　黛安娜去世的第二天是星期一，正是美國的勞工節，這個消息在美國各地造成了相當大的震撼。星期二早上到了辦公室，同事們幾乎全都在討論黛安娜的事情，許多人還是無法平復所受到的震驚。這時候有些人議論紛紛到底要不要降半旗？我正在納悶為什麼會有這個問題時，祕書告訴我，我們公司也降了半旗。在美國公司機構，一般來說，有三根旗桿的設置，面對升旗台中間的是國旗，左邊是州旗，右邊是公司旗。我趕緊到大門入口處去看看，結果三面旗幟都降了半旗。為了慎重起見，我請人事主管去問當地及達拉斯市政府，有沒有任何通知，或是照規定應該怎麼做。得到的答案都是一切照常，沒有特別通告。於是我請人事主管讓警衛將旗幟全升回去，沒想到警衛面有難色。我直接問是誰下的指示，警衛說是財務副總裁。我一下子明白了，因為當時的財務副總裁是英國裔的，我便對警衛說：「你先把三面旗子都升回去，我來跟他解釋說明。」

　　還沒回到辦公室，財務副總已經怒氣沖沖地在等我，問我為什麼叫人把旗子都升回去？我反問他為什麼要降半旗？他說：「難道你不知道黛安娜王妃過世了？我們都非常難過，在悼念她。」我回答：「當然知道啊！」他接著說：「那你知道還不降半旗？」我奇怪地看著他說：「黛安娜王妃是英國人，並不是美國的王妃，而且她當時已經不是王妃了。先

不論她是否對美國有重大國家級的貢獻，國旗、州旗是否降半旗，應該照聯邦或州政府的規定來做。你、我，哪裡有權力做這個決定呢？我已經請人事查過了，政府單位並沒有任何降半旗的指示。」道理說清楚、講明白了，誤會也就化解了。由此可見黛安娜王妃在英國人、英國裔及一般大眾的心目中，有著極重的分量，我一點都不奇怪當時財務副總的反應。

黛妃逝世二十週年時，英國國家地理頻道也首度曝光她在 1991 年錄製的「祕密訪談」。訪談中，黛妃透露，當時她只是個幼兒園老師，但查理斯王子卻突然向她求婚，一開始她以為只是玩笑話，但誤以為對方很愛她，於是點頭答應，沒想到人生一夕改變，「我前一秒還是平凡人，下一秒就變成查理斯王妃。」黛妃訴說，當時查理斯向她求婚時，「他說『愛就是一切』，我以為他是真心的。」怎料卻在之後發現查理斯與自己的閨密卡蜜拉走得很近，兩人不僅互動頻繁，查理斯甚至為她訂製一條手鍊，還直裁了當告訴黛安娜：「我今晚就要送給她！」讓她相當不滿，氣得想悔婚。不過當時姊姊們卻告訴她：「太遲了，頭已經洗一半，妳現在後悔也來不及了。」讓她感覺自己就像一隻「獻祭的羊」，對查理斯來說就像是找到一個處女，「有時候他很迷戀我，但總是忽冷忽熱，你永遠無法捉摸他的情緒到底是怎麼樣！」黛妃

表示，她和查理斯的婚姻看似幸福美滿，實際上卻是充滿裂痕，但身邊的人卻一點也不瞭解，讓她感到相當絕望，「婚後我必須習慣人們對威爾斯王妃的要求，但黛安娜到底在想什麼已經不重要了。」直到兒子出生後，她才將生活重心轉到兩人身上，「我陪著他們一起上床，擁抱他們並問『全世界誰最愛你』，他們總會回答：『媽咪！』」才讓她找到存在的價值。

這段訪談的內容曝光後，讓外界大為震驚。人人稱羨王子公主式的完美婚姻，原來風光亮麗的外衣裡，凡夫俗子、平民百姓的辛酸與無奈，不但一點不少，人前還要裝著若無其事、強顏歡笑，真是情何以堪。這不只是黛妃的痛苦，更打破了芸芸眾生對那美滿人生的憧憬。所幸黛妃後來從兩個兒子身上找到了生活的重心及價值。到底什麼才是幸福、快樂？值得我們深思。

工程技術與業務行銷

在英特爾時，我原本做的是元件物理測試分析，一年後對老闆說，我想要試試製程開發。當時的老闆是 Leo Yau，他是英特爾著名的院士 Fellow。我提出要求時，他凝視著我，很嚴肅地問：「你懂不懂量子力學？」我當時愣了一下，硬著頭皮說懂。他再問：「你會不會做中國菜？」我以為他在開玩笑，隨口說當然會。他卻一臉嚴肅地說：「製程開發跟做中國菜很像。從烹飪工具、廚具、食材選擇、配方、刀功、溫度、壓力、火候到起鍋退火等過程，和半導體製程方式都很像。」後來我學了一陣子製程技術之後，感覺兩者真有異曲同工之妙，同樣的有學問。

後來到摩托羅拉先做元件物理，再改做記憶體 IC 設計。雖然記憶體的線路設計，在 IC 設計中算比較接近元件物理和製程的，但是對我個人來說還是一個新的領域，基本上得

從頭學習。當年還年輕而且仍單身，可以日以繼夜地學習，自己真下了些苦功。那時候參與了當時世界最先進的 8K×8 fast SRAM 計畫，而且順利地上量產。

在意法半導體十二年的時間，從研發、生產到廠區管理，接受了各種訓練，還由公司送到著名的賓州大學 Wharton School 接受 EMBA 為期五週的教學課程。記得那年 1992 年，道瓊工業平均指數（Dow Jones Industrial Average）是兩千多點。當時教經濟學的教授，根據二戰後嬰兒潮世代的成長及其他經濟發展的成長模式，他便預測 DJ 指數，會從當年二千多點，到 2000 年左右漲上萬點。我們當年抱著聽聽就好的心態，也沒放在心上。沒想到經過八年，到了公元 2000 年，道瓊真的漲到五倍，上了萬點，我們有些後悔當時不夠認真聽課。1997 年加入聯華電子負責技術開發及智財設計與支援，那時候聯電剛剛將各產品事業部分出獨立，成立好幾家 IC 產品設計及設計服務公司，聯發科、聯詠、智原及後續一連串聯字輩的產品設計公司。事情總是起頭難，記得當年有些從聯電分配到 IC 設計公司的同仁，認為新公司並不穩當，急著能夠轉回母公司。後來聽說當時覺得運氣好而回到聯電的員工，許多都後悔不已。聯電各間晶圓廠也透過與好幾家世界級的 IC 設計公司合資，成立了幾家晶圓生產製造公司，聯誠、聯嘉、聯瑞等，各個廠便是一家獨立的公司。各廠公

司分開運作一陣子後，發現各公司之間各自搶訂單，偶爾也會殺價競爭。於是又開始了整合的工作，除了聯電本身，加上這三家公司，又併了另一家先前取得的合泰，便成為當年轟動的「五合一」成功案件。五合一之後的聯電則專注於晶圓代工，相對於 IDM，而成為半導體產業分工的主流。

　　將近四年後，我由技術開發轉任業務工作。一路都是以技術及生產管理為主的背景，這一步對我個人及公司來說都是很大的挑戰。技術職大部分的時間還是面對內部專業的技術人員；而業務則主要對外面市場，而且要直接面對客戶。雖說初生之犢不畏虎，還是得面對各種挑戰。記得接手業務的第一個月，便邀請了將近十位當時來臺灣參加國際會議，重要客戶的 CEO 們一起聚餐。雖然之前也見過不少大場面，但是這次角色不一樣，餐會中大部分的時間，手腳都不太聽使喚。負責技術工作時口才便給的我，當晚卻拘謹得說不出話來。

雙贏長遠心：

　　有技術背景對業務的推動會有很大的幫助，至少可以將自家公司的產品技術，更清楚地介紹給客戶。果不其然，沒有多久，就打動了一個非常有潛力的重要客戶 nVidia，說服了對方使用我們 0.13um 的產品技術，談妥的價格及需要的

晶圓數量都相當不錯。同仁也都覺得旗開得勝，好的開始，算是一場漂亮的勝仗。沒有想到的是，過了大半年之後，發現怎麼訂單大部分都到競爭對手那邊了。經過內部仔細檢討，我們基本上犯了幾個錯誤，短視而沒有想到建立夥伴關係，沒有跟進採取應有的服務及項目拓展。從這次的經驗學習，我們設定了一套面對客戶的準則，Trust、Win-win、Long term partnership、for Mutual success，（信任、雙贏、長期夥伴關係、共同成功）。要建立「互信」需要時間及行動的考驗，但是破壞互信，只要一、兩次的失誤就可能結束了。有共同目標，是達成夥伴關係的動力，而能夠雙贏，則是長期合作的基石。一次勝仗不算什麼，策略、戰略的考量更為重要。經一事，長一智，將失誤及挫折轉為正向的能量、做法還是滿重要的。

　　早年在業務領域，與同仁最津津樂道的是，成功開發美國一個超重量級的客戶 TI 德州儀器。2002、2003 年從零開始，不到幾年時間，做到了一年好幾億美金的生意。記得我們通過了客戶的品質及可靠度驗證之後，剛開始試產時的幾個月，因為良率還不好，客戶要求 die buy，就是以晶圓上好的產品元件 die 來計價。當時我們的 0.13um 製程技術應用在這位客戶產品的良率比競爭對手低了不少。客戶又要求比照對手的良率來計算價格，所以壓力相當大。我問客戶的高階

主管，對手的良率這麼好，為什麼不就用對手的方案呢？得到的答案竟然是「因為我們比較喜歡你們啊」。雖然有點受寵若驚，我們還是誠心地表示感謝。我們後來得到的情資是，當時對手在這個客戶 0.13um 產品還沒有通過客戶要求的「可靠度」認證。為了搶訂單，我們接受了客戶的要求。良率不好，公司得吸收損失。因此，每個月都有相當大的虧損，公司內部責難聲四起，怨聲連連，壓力之大更是可想而知。

還好大約量產幾個月之後，在大家的努力下，產品良率大幅提高，盈餘也跟著超出了內部同仁的期待，抱怨之聲也轉為笑聲了。後來良率愈來愈高，die buy 的價格高出 wafer buy 很多，客戶又來要求 wafer buy 的方案。我們本著作夥伴精神，提出合理、雙贏的過渡方案，結果皆大歡喜。同仁們透過不斷地學習，謙虛感恩地面對合理的挑戰，忍辱負重地面對不合理的要求。最後終於贏得了這位天王級客戶的信任和長期合作夥伴關係。業績也因而大幅成長，幾年的功夫，這家公司便成為當時我們的第一大客戶了。

我們在這個大客戶的業績成長非常快速，雙方合作夥伴關係也建立得很穩固。於是客戶安排我們去TI總部參加研討會，並且頒發一面非常有紀念意義的獎牌給我們。精緻的鏡框裡面有一片十二吋晶圓，上面刻了客戶感謝合作夥伴，並且有TI諾貝爾獎得主傑克‧基爾比（Jack Kilby）——

Integrated Circuit（IC）發明人的親筆簽名。之後，安排見了TI當時的CEO，在閒聊中才知道，當初客戶強力要求我們、幫助我們，努力爭取這個機會，背後還有「戰略指導戰術，戰術指導作戰」的大方略。原來那個時候，客戶和競爭對手正在比肩半導體公司全球第三的排名。所以，由我們承接業務，對他們的排名也有幫助。事過境遷，往事如煙。當年的爭長論短、過往的點點滴滴，都成了茶餘飯後，說給後人聽的故事。「古今多少事，都付笑談中。」榮辱得失，是非成敗轉頭空，還有什麼好爭的呢？況且「隻眼須憑自主張」，何必隨人說短長。

第 **5** 篇

創業尋夢
——人工智能物聯網元宇宙

在大公司待了將近三十年之後，開始有點失落的感覺，好像失去了人生努力奮鬥的目標。離開聯電，雖然有其他的機會，但是想換條路子走。這一條岔路，後來才知道走上的是個羊腸小道，崎嶇難行。從開始找錢、找人、找計畫，就誤入歧途；尤其是在籌資方面，犯了最大的錯誤，找了三類不該找的人投資。因而走上了孤獨寂寞之路。幸好後來體會出叔本華所說「要嘛孤獨，要嘛庸俗」的意涵，開始走入內心深處。這一來，之前看不懂的天書，其中之意義，竟然躍然紙上，感覺清楚強烈。

「月明星稀，烏鵲南飛。繞樹三匝，何枝可依？」正是在面對這萬花筒般的高科技產業，該選擇哪一個領域、哪一類、哪一個產品開始呢？常聽創業先進說，進入一個行業，「時機（timing）非常重要。幸運的是，漸漸走進了傳感器，走上了人工智能物聯網的領域。在這個正在快速起飛的科技產業，我們仍然牢記施振榮先生的話：「不求名、不求利，做對的事。」

創業中遇到困難、挑戰，才是正常、平常的。不困難，

也輪不到你我了。重要的是「正向思考」，正向應對問題。「行有不得，反求諸己。」遇到重大困難、碰上嚴峻問題的時候，如果能夠深入反思，找尋問題的解決方案，重回正確的軌道，而且正向往前看，將來成功機會較大。當然，說說容易，遇到境界考驗的時候，才見真章。「山不厭高，海不厭深。周公吐哺，天下歸心」，一個人的志向、理想、目標，像山一樣，永遠不會嫌它太高大；心胸、度量、智慧，像海一樣，永遠不會嫌它太深厚。有機緣的話，則學周公造福人群；因緣不足時，則獨善其身，修身見於世。

施振榮先生的告誡
——「隨緣不變」做對的事

在半導體業界工作了幾十年，一直都在世界級的大公司做事，2008 年底終於有因緣自己創業。下定決心且付諸行動後，才深深體會到從零起頭，每一件事都非常困難而且辛苦。從前在大公司所受的訓練，知道領導跟管理是不一樣的。也會說給別人聽，當從頭開始進行一個計畫或一個事業，沒人、沒錢、沒權、沒靠山的時候，仍能把需要的團隊、資金、設備及各方面的資源找到，來把計畫完成或事業做起來，這才是領導。如果各方面條件都具備，那便只是管理。說起來容易，做起來真難，自己做的時候才知道點滴在心頭。

在成立公司開始籌措資金時，有緣見到在臺灣最受尊敬的企業家——施振榮先生。《天下雜誌》舉辦了十九年的標竿企業調查，歷年來，施先生是唯一的一位，每年都榮登最受尊敬企業家榜。第一次見面時，施先生便告訴我們，他所

重視的一些做人做事的道理。接著在用餐時聽到施先生不疾不徐地說道：「我不求名、不求利，但堅持做對的事。而且我知道只要堅持做對的事，名、利就會跟著來。」

剛聽到施先生這句話的時候，覺得很感動，很受用，也很有道理。過後，這句話在腦子裡轉著、轉著，總覺得似曾相識，似有所悟地盤旋不去。約大半年之後，有一天忽然想通了。對自己說：「唉呀！我懂了。這句話其實就是佛門常說的『隨緣不變，不變隨緣』。」

不求名、不求利：隨緣	堅持做對的事：不變
堅持做對的事：不變	名、利會跟著來：隨緣

施先生當時告訴我們，他太太學佛，他自己並未學佛，但是從他講出的這句話，可以看出他人生的歷練，淡薄名利而仍為大家堅持做對的事情，其實他已經在智慧的道路上認真努力地做著了！能如此簡單地用現代的口語，講出如此有道理的話，施先生在臺灣知名企業家之中是最受敬重者之一，其來有自，良有以也，真的是可敬可佩，非常地難得。

創業、重要計畫，甚至於新技術、新產品推出，能否成功，緣這個字非常重要。常跟業界的朋友談到，創業能成功與否的因素非常多。然而很多過來人感覺比較深刻重要的一個字是 timing，中文是「時機」。太早了，很多環境狀況並

未準備好；太晚了，則失去先機而落入不利的情況。所以很多獨力創業的朋友說，做得早不如做得巧。這巧字，隨著緣成熟了，也就佔上時機了。可是緣畢竟只是助力，根本還是因，也就是實力。因緣果報本身是非常的複雜，最重要的是認真努力修因，不計名利做對的事。如果能夠成功而造福大眾，是件非常快樂的事。

「千夫諾諾，不如一士諤諤。」在 2017 年 4 月 22 日，看到經濟日報五十週年論壇報導，由夢想學校創辦人王文華主持「世代對談——創新創業的夢想與實踐」，邀請宏碁集團創辦人施振榮與沛星互動科技執行長游直翰分享創業心路歷程，摘錄如下：

宏碁集團創辦人施振榮在論壇上暢談超過四十年的創業經驗。臺灣生活太舒適，施振榮說：「如果沒有挑戰，我就不想活了。」施振榮說，創業是條漫長並艱辛的路程，要比「氣」長，成功永遠會比你想像遠一點，挑戰也會比你想像多一點。他回顧創業初期談創新創業，要創什麼新？沒有太多機會，必須靠機運，但現在的創業機會到處都是，問題只在於你要選擇創哪個領域的業？如何創造價值？這個價值必須是對於所服務的目標客戶對象，要對他是有價值的。機會到處都是，但施振榮認為挑戰也更大，因為大

家都看到同樣的東西，很快就被追上。

　　施振榮並認為，現在臺灣創業環境另一個問題是，生活太舒適，少了創業動機；另外，留學人才愈來愈少，對臺灣產業的長期發展也有不利影響。但人生不能沒有意義，「如果沒有挑戰，我就不想活了。」而如果創業只是為了賺錢，那出發點就錯了；創業應是一種使命，為社會創造價值。賺錢是為了永續發展，不得不的手段，因為這樣投資人才會給你更多資源，才能夠持續創新。

　　為什麼施先生會說「沒有挑戰就不想活了」？因為沒有挑戰、不創新，自己在世上用處就不大了。施先生這裡說的「創新」應該是指對業界、對社會，能夠創造、增進附加價值，而且對大家有用、有貢獻。多年來創業的感受，或許用「刻骨銘心」差可比擬。施先生靜靜之言，值得深思，希望有更多的年輕人能夠體悟到這段話。「大人者，不失其赤子之心。」其如是乎。他們心中惦記著最重要的事情，是要對大家、對社會，創造、增加有用的價值。並且傳承自己的心得，提醒後輩來者，少走些冤枉路。

5-2
物聯網契合儒家「大學之道」

　　十餘年來在資訊高科技界，最夯、最牛的話題，應該是人工智能物聯網（AIoT）了。資訊科技從主機電腦、個人電腦／平板、手機，接下來的主流應該就屬物聯網加上人工智能。使用的裝置數量單位，也從百萬、億、十億到兆（萬億）。手機基本上不會超過全世界的人口總數太多，但人工智能物聯網，包括手機、穿戴裝置、機器人、無人機、自駕車，加上各種各樣的運動、環境、光感、生醫等傳感器及衍生的各種自動偵測、自動化裝置，其未來數量將會大到以兆為單位計算。德國強調的「工業4.0」，美國推動的「新硬件時代」，及資訊產業所公認的未來趨勢「物聯網」系統，有著異曲同工之妙。三者大都在自動偵測、自動化及無線傳輸、無線遙控上多所著墨。然而人工智能物聯網在大眾未來生活上的應用，卻可能遠遠超過原來的想像。全世界都在大力推動智能

交通、智能停車系統、室內導航；智能工廠、工安、自動化及自動監控系統；智能農牧業、環境保護及監控；智能醫療裝置及系統等等；全都是物聯網系統中重要的環節。

在 2014 年的 8 月，有一天，我深思什麼是物聯網？它是什麼樣的系統，其基礎、應用、實體、解決方案，及服務項目、對象是什麼？想著、想著，忽然間覺得「物聯網系統」怎麼有種似曾相識的感覺。接著聯想到了儒家大學之道的教育，於是再咀嚼了《大學》的名句：

> 古之欲明明德於天下者，先治其國；欲治其國者，先齊其家；欲齊其家者，先修其身；欲修其身者，先正其心；欲正其心者，先誠其意；欲誠其意者，先致其知；致知在格物。
>
> 物格而後知至；知至而後意誠；意誠而後心正；心正而後身修；身修而後家齊；家齊而後國治；國治而後天下平。

頓時覺得「物聯網系統」跟「儒家大學之道教育體系」非常相似。接著我們將兩套系統列表來比較，有點不可思議，還真可以找出它們之間一對一的對應。什麼是物聯網？從所附的圖表可以看出來，基本上，物聯網是以感測器或傳感器等各種元件，偵測人與周圍環境的各種資訊為基礎，然後透

過各式各樣的無線及有線傳輸方法，將資訊送達雲端運算中心，經過分析、整理成方便、有用的資訊，再傳給個別的使用者，這個系統便稱之為物聯網。

物聯網系統IoT

資訊通聯
information
communication
(data)

· 雲端運算 cloud computing
(server / computer / software)
· receiver (cell phone, PDA, PC)...etc

資訊傳輸
transmission
(network)

· 5G,WiFi,WiMAX,TD-SCDMA,
WAPI...

資訊偵測
ensing information
(identification)

· 感測器 Sensors
· RFID,WSN,
· barcode,GPS,
· laser scanner and etc...

物聯網系統契合儒家大學之道的教育體系

	一般意思	物理意義	物聯網系統應用
格物	窮究事物之理	充分探測、觀察內外環境	各種環境、運動、光感、生醫等傳感器應用
致知	正確認識自己、環境及其關係	整理、分析正確有用知識	環境資訊之收集、整理、分析
誠意	沒有偏見、成見、雜念	歸零、中性	低雜訊、高信噪比，不受外界干擾
正心	正知正見、正心	正確資訊及使用	正確資訊產生、儲存使用
修身	有正確的觀念來做對的事	系統準確度	健全可靠的軟、硬體
齊家	家庭、公司／團體 內部溝通、 Alignment	局部互動、溝通	Intranet內部各種數據及資訊交流
治國	服務百姓同胞	健康、安全生活環境	Internet及無線傳輸各種數據及資訊
平天下	分享資源資訊，建立平和、平衡、平等的世界	和平的世界	雲端運算、大數據，大資料的分析、應用及分享

　　物聯網系統是高科技不斷演進的產物，而儒家大學之道的體系是中國兩千多年前老祖宗就建立好，一直流傳下來的古老智慧。它們之間怎會這麼神似？難道真是「人同此心，心同此理」？可是一個是「人性」治理體系，一個是「物聯」網路系統；兩套截然不同的領域竟然是異曲同工，殊途同歸。箇中道理，值得我們深思，也真讓我們尊敬古聖先賢的智慧啊！下面我們就「儒家大學教育體系」的八個步驟項目，來跟「物聯網系統」做個對比。

	儒家大學之道	物聯網系統	比較對照
基礎	⊙格物 ⊙致知	⊙感測器，感測環境 ⊙環境資訊收集	⊙感測觀察物理環境 ⊙整理分析正確知識
軟硬體	⊙誠意 ⊙正心 ⊙修身	⊙低雜訊、高信號感測 ⊙正確資訊的儲存、使用 ⊙健全、健康的軟、硬體	⊙無雜念、成見、偏見、無預設立場、歸零 ⊙正知、正見 ⊙正確觀念，做對的事
應用功能	⊙齊家 ⊙治國 ⊙平天下	⊙無線通訊傳輸、溝通 ⊙雲端運算 ⊙大數據分析應用	⊙溝通、互動良好 ⊙健全、健康、的生活環境 ⊙服務大眾 ⊙平等、平安、平和 ⊙共同分享資訊、資源

「物有本末，事有終始，知所先後，則近道矣。」在生活上、工作上，日常事物大大小小千頭萬緒，知道哪些該先做，哪些可以後做，知道「大小、先後、輕重、緩急」是很重要的。中華傳統文化，基本上是從孝道、人本出發，符合人性、天道。「率性之謂道」，也就是說，中華文化的基礎，是要大家認真做好對的事。倘使我們能夠再次注意到中華文化的博大精深、廣大的包容力及仁愛和平的特質，取其精華，去其糟粕，發揮其中的優點長處。再取人之長，去己之短，應用到現今的天下。雖然今日的天下，比古代更大、更複雜，但人性本質上是一樣的，運用之妙，存乎一心。相信儒家的「大學之道」和現代的「物聯網系統」能夠相輔相成，可以造福天下。

5-3
傳感器與人心之「靈敏度」

什麼是傳感器？傳感器（transducer）或感測器（sensor）是將宇宙真實世界中的物理量，「場」（field）：像光、聲、電、磁、重力、溫度、溼度、壓力、微塵等等「類比訊號」的存在及變化，轉換成電性「類比訊號」或「數位訊號」，然後處理成為方便人們使用資訊之電子元件。訊號轉換及處理過程最重要的部分是提高訊號／雜訊比。也就是訊號（signal）要高，而雜訊（noise）要低。傳感器主要分為幾大類：運動傳感器、環境傳感器、光學傳感器及生醫傳感器等。傳感器元件將我們生活環境中的資訊進行偵查、收集以及解析，提供現場使用，也可以將資訊透過有線、無線網路傳輸，而與雲端大數據連線再加以有系統地整理、分析、分門別類，然後將重要的訊息或需要的動作傳遞給需要的使用者，這樣的系統便是物聯網系統。

電子羅盤的「磁傳感器」如何才會靈敏？人如何才會有聰明智慧？我們注意到，傳感器與人心「靈敏度」之原理相應。這中間的共通性，箇中三昧，值得深思，值得玩味。傳感器要準確靈敏需要：

1. X、Y、Z 三軸要互相正交、垂直（orthogonal），也就像人心要正直一樣。

2. 三軸的靈敏度（sensitivity）要一致、相等、平衡，也就像人用心要平等、平衡。

3. 雜訊、噪聲（noise）要低，也就像人心要清淨。外界的信號在低噪聲下，信噪比（signal to noise ratio）便會提高，量測靈敏度便會更精準，這便是佛家「五眼」的「法眼清淨」之物理意義。

4. 抗外界干擾性要高，不怕外界環境的各種影響。也就像人心的「禪、定」功夫要夠力，不受外界環境的各種誘惑。

5. 多用其他參考數據，像陀螺儀、加速度器、GPS 等，也就像我們要客觀地多用參考點，多換角度、角色來觀察人、事、物。如此，才能看清真相。

傳感器靈敏，本來是好事，但是傳感器愈靈敏，就愈容易受到外界雜訊的干擾。傳感器太靈敏，而不能對抗外來的干擾，外來的磁場、電壓、溫度、應力等等的影響，還如何能做量測？人心太靈敏，又何嘗不是如此？藝術家、文學家、

難忘的偶然——

教育家，心理學家，靈敏度通常都很高，影響所及，如果情景感傷超過了他們的「量程」，爆掉之後，不一定能回到原來正常功能，也可能會崩潰。所以，內建「抗干擾」的保護是何其重要啊！

有一次提到在品質可靠度常用的一個字 vulnerable（易受傷的、易受影響的），現場一位學音樂的同事就非常有感覺。她是音樂碩士，她說音樂家對外界音聲或是信息變化非常敏銳、敏感，也因此比較 vulnerable 容易受到傷害。藝術家、文學家及各領域引領風騷之大「家」又何嘗不是如此？傳感器要靈敏，又要有抗干擾性。文藝大家們要有非常的敏銳度，也要懂得保護自己不被外界傷害。

傳感器與人心靈敏度之對照

傳感器	人心
X、Y、Z 三軸正交、垂直（orthogonality）	正直、誠實
三軸的靈敏度（sensitivity）一致相等、平衡	平等、平衡
雜訊、噪聲低	內心清淨、少雜念
信噪比高（Sigal / Noise ratio）	「法眼」清淨
抗外界干擾性要高	禪（不著相）不受外境干擾
元件內部干擾要低	定（心不亂）降低內心雜念
減少外界環境的影響	不受外界環境的誘惑
多用其他參考數據	多用參考點，換位思考
多換角度、角色觀察	客觀，無我相、無所住

AI 人工智能

什麼是人工智能（AI）？這些年來「人工智能」正如火如荼地展開，從傳感器、物聯網到人工智能，整個資訊產業及電子業都活了起來。什麼是「人工智能」？一般來說，或許可以定義是「透過機器來模擬人類認知、判斷、分別、思維、解析等能力的技術。」其中，人工智能（AI, Artificial Intelligence）包括了機器學習（machine learning），機器學習包括了深度學習（deep learning）。從各種自動控制、機器人、無人機、車、船，自動駕駛的開發及人性化，喚醒了大家把各種機器功能向「人」的功能來學習。就像是把冰冷的機械設備注入了「生命」一樣，讓它們「活」了起來。

人是什麼？人是怎麼回事？

既然是模擬人類的智能，所以要真正瞭解「人工智能」，

還得先知道「人」是什麼？人是什麼組合而成的？人的認知、思維是怎麼回事？這不是開玩笑吧？我們是人，難道還會不知道「人是什麼」？還會不知道人是怎麼回事？我們慢慢來討論這個題目。

「人」是由什麼「東西」組成的呢？直覺地來說，我們都有肉體和思想，而肉體又可分成物體和生理，思想則應該屬於心理的範疇。佛法可以說是將人及人的心理作用，研究說明得最透澈的學問。在佛法來說，人是由「五蘊」：「色、受、想、行、識」所組成。「色」是指四大物質，包括「地、水、火、風」（也就是固體、液體、熱能、氣體等四大類物質）；「受、想、行、識」是指心理作用，也就是說，人是由「物質」和「心識」所組成。人的「六根」（眼、耳、鼻、舌、身、意）是世上最優良的傳感器！六根面對「六塵」境界（色、聲、香、味、觸、法），產生「六識」（眼識、耳識、鼻識、舌識、身識、意識），交叉連結成「內在身心世界」與「外在環境世界」交流互動的運作系統，聯結組合成我們整體的身心與生活環境世界。

佛家說明，人的心有八個心識，受、想、行、識（受是前五識，想是第六意識，行是第七末那識，識是第八阿賴耶識），「眼識、耳識、鼻識、舌識、身識」稱為前五識，是功能性的執行作用；「第六心識」主管認知、判斷、分別、

區分、分析等意識作用；「第七心識」主管執著、堅持、成見、愛惡、思維、頑固等意識作用；「第八心識」是含藏、資訊儲存，也是人的主宰，叫「阿賴耶識」。

　　阿賴耶識便是一般所說的「靈魂」或「神識」。一個人出生的時候，「靈魂」最先來入主身體，死亡時，他最後離開身體。阿賴耶識含藏了過去生中大量的資訊，也是每個人生命的種子。一個人的肉身從精子、卵子受精成形開始，便有一個靈魂（阿賴耶識）來入胎形成新生命的開始。我們可能都注意到，在正常情況下，人活著的時候，身體不會腐爛，而人死了之後，肉體很快就會腐爛。這都跟阿賴耶識的「精神能量召集及堅持」有所關聯。

　　人的「心識能量」相當複雜，以量子力學的觀念來看，它有「心念波動」能量、「物質波動」能量及「信息波動」能量，其母體及主體便是「阿賴耶識」。阿賴耶識具足了每個人生命的種子，含藏了過去生中大量的數據及資訊。阿賴耶識的功能可以分成四個部分：「相分、見分、自證分、證自證分」。「相分」是色法，就是物質；「見分」是心法，就是精神、能量；「自證分」就是「真心」、本體，即是佛法所說的「真如本性」、自性、法性。「證自證分」是「佛性」、本性本有的「般若智慧」。我們的自性，正是惠能大師開悟時說的第一句話，這自性是「本自清淨、本不生滅、

本來具足、本無動搖、能生萬法」，自性具有極大的智慧與能量。再聰明的傳感器，再高功能的分辨、分析、記憶、搞怪、網絡、溝通、指揮系統工程應用等等的「人工智能」物聯網系統平台，都不可能具有真正人類的根本智慧。人最重要的「智慧」，在阿賴耶識、靈魂的「自證分」及「證自證分」，也就在「自性」和「佛性」的「智慧、德能」。

AI 機器人不會有人類的靈魂

　　AI 機器人和我們人類最大的差別，便是機器人不會有如人類所具有的「靈魂」。機器人充其量也只能具有所謂的「世智辨聰」，而不會有「靈魂」中的「真心、自性」，也不會有人類自性中的智慧。簡單地說，就是最高明的 AI 機器人不會有佛性，是不會成佛的。唐朝永嘉大師與中國禪宗六祖惠能大師是同一個時代的人，他曾會見惠能大師且經惠能大師印證大澈大悟。他所著《永嘉證道歌》上說：

　　誰無念，誰無生，若實無生、無不生，喚取機關木人問，求佛施功早晚成？

　　（誰沒有念頭、沒有心念呢？誰沒有生？沒有死呢？如果真的是沒有生、死的事實，那麼去找個機器人，向它請教：

「怎麼樣可以不生、不死？那麼不是很快就可以成佛了！」
這是說不通的。）

　　從以上所言，永嘉大師好像早就知道我們的問題，想跟
機器人學習成佛，那是不可能的事。

　　有人將 AI 翻譯成「人工智慧」，但是從英文本意，
及其平台的功能與特質上來看，應該沒有到真實「智慧」
（wisdom）的境界。真實智慧和智能的差別在哪裡？差別在
於智慧有「真心」，而智能沒有。真心在阿賴耶識、靈魂裡
面。我們也參考維基百科對智慧的解說，還是覺得 AI 翻為
「人工智能」比較貼切合適些。等哪一天「機器人」的發展，
能夠讓「動物」的「靈魂、神識」投胎到機器人身上，而且
機器人也會受到因果報應及六道輪迴轉世的束縛，真到了那
個層次，再來叫「人工智慧」AW（artificial wisdom），可
能還不算遲。

以下引用自維基百科：

　　智慧（狹義的）是高等生物所具有的基於神經器官（物
質基礎）一種高級的綜合能力，包含有：感知、知識、記憶、
理解、聯想、情感、邏輯、辨別、計算、分析、判斷、文化、
中庸、包容、決定等多種能力。智慧讓人可以深刻地理解
人、事、物、社會、宇宙、現狀、過去、將來，擁有思考、

分析、探求真理的能力。與智力不同，智慧表示智力器官的終極功能，與「形而上者謂之道」有異曲同工之處，智力是「形而下者謂之器」。智慧使我們做出導致成功的決策。有智慧的人稱為智者。

AI 機器人沒有靈魂會怎樣？

沒有靈魂，其最大問題在於，它不受生死輪迴、因果報應的規範，可以沒有是非善惡的觀念。如此一來，背後的設計者或操縱者，以之造作惡業的後果，有可能會可怕到難以想像的地步！有人擔心 AI 的發展，會不會有一天機器人回過頭來修理、欺負人類？

這是有可能的。有的說法是，大不了，把電源關掉、插頭拔掉。等 AI 系統被人類設計得更聰明、更會搞蛋，當它們也有內建電源系統的時候，會比你我想像得更麻煩。有時候我們在使用汽車導航，但某段路況自己很熟悉，可是導航系統一直叫我們 make a legal u-turn（合法地掉頭），幾次之後，我還真有點擔心，系統蹦出一句 stupid（蠢蛋）。當然這也會是「人」搞出來的，說不定以後和 AI 系統講話得客氣有禮貌才行。

美國有位大學教授提出一些未來可能出現，極可怕的 AI 場景，比如有人做出了巴掌大的武裝無人機，一車子的無人

機一起放出來，攻擊某些群眾，無人機具備了各種人臉辨識、定位功能、先進武器、自動駕駛、自動控制系統等等，可以選擇性或是隨機地攻擊特定人員，而令對方毫無招架之力，這聽起來就極為恐怖。可怕的是，這不但可能發生，規模還有可能會大到無法想像。在 2017 年 1 月，英特爾在超級盃美式足球的中場表演，五百多架無人機，由一台手提電腦控制，一起在空中隨著音樂跳舞。在此之後，在不同的地方，表演使用無人機的數目，已經有超過千架，甚至於上萬架同時出現。表演雖然精彩動人，但是如果這樣的技術用在恐怖攻擊或是戰爭中，真是不敢想像的可怕。我們現在就得開始建立良好的「規範」、「規格」及「教育系統」，讓它們受到良好的「機器人教育」，不得為非作歹，做傷天害理的事情，將來「長大」之後成為造福人類世界的有用的機器人。其實這中間更危險的是「人」類本身，更重要的是「人心」的教育，是人與人之間、國與國之間和平共存、共榮的教化。

元宇宙、玄宇宙

　　十餘年來，高科技電子業從物聯網（IoT）、人工智能（AI）走到人工智能物聯網（AIoT）。這兩年「元宇宙」（Metaverse）又成為新的標的里程碑。Metaverse 應該是 Meta 和 Universe 組合而成的。Meta-physical 是指形而上的、超越物質的，所以 Metaverse 應該是超越物質的世界。但是為什麼中文譯為「元宇宙」？上網去查，卻一直找不到原始或滿意的答案。中文「宇宙」的意思就是「世界」。世界，大致可以分為「物理、物質」和「心理、精神」世界。

　　物理世界主要包括時間、空間、物質及其之間的關係；心理世界主要包括心識、心識作用及抽象概念。而元宇宙正在把「物理世界」、「心理世界」和「虛擬世界」揉搓到一起，看起來如夢如幻。元宇宙利用電腦、網際網路、高速訊息傳輸、訊號處理等，從 VR、AR、MR，從眼、耳、鼻、舌、身、意所相應的色（光）、聲、香、味、觸、法（物理運動、心理作用、抽象概念等等），讓物理世界、虛擬世界和心理

世界，都融入我們日常生活中。

《老子》說的「宇宙人生」：「*無，名天地之始；有，名萬物之母。*」「*無、有，此兩者，同出而異名，同謂之玄，玄之又玄，眾妙之門。*」使我覺得用「玄宇宙」或許比「元宇宙」好些。於是將這個想法告訴在加州矽谷工作的大兒子。他想了想，還是認為元宇宙比較好。他說：「全世界都在想利用 Metaverse 賺錢。連你想做的夢，都可以特地幫你打造出一個你喜歡的夢境，但是要收錢。元字和錢一樣，所以用『元宇宙』比較貼切。」聽完之後，我額頭頓時多了三條線。過了兩個月，我看到《莊子》的「天地與我並生，而萬物與我為一」。宇宙、萬物、與我為一，而且 universe 的 uni 有一、合而為一的意義。於是，聯想到「元」就是一的意思。所謂「一元復始，萬象更新」，如是如是。忽然覺得元宇宙用得真好，當初第一個用「元宇宙」的人，真是有學問啊！「南柯一夢」、「黃粱一夢」，很可能是唐朝時期就有極先進的 VR、AR、「元宇宙」技術。「黃粱一夢」比「南柯一夢」更玄一點，道士用「兩端各有一個孔洞的陶瓷枕頭」，就像高階的 VR 頭盔，讓有緣人在世間幾十分鐘的時間，做了個五十年美好的「春秋大夢」，而且不用收費，妙啊！

最能表達「元宇宙」概念的技術，應該是雷射「全相術」的「全息圖」。全息圖照片即使撕成為一小塊、一個點，它

也可以反映出原來的全部信息。「全息圖」的物理原理與現象，或許可以提供我們對於「不二法門」、「一」的世界，有更多的悟處及體會。《華嚴經》講：「一即一切，一切即一。」但是「一」的境界實在「不可說、無法說」，所以《維摩詰經》用「不二法門」來解說。

惠能大師在《六祖壇經》說：「**二法不是佛法，佛法是不二之法。**」；《永嘉證道歌》說：「**一法遍含一切法，一性圓通一切性；一月普照一切水，一切水月一月攝。**」「物理」是一法，「物性」是一性；所以，物理可以遍含一切法，物性可以圓通一切性。佛家的「一生萬法，萬法歸一」說出了我們的「世界」、「宇宙人生」真的是「既元又玄」啊。「既已為一矣，且得有言乎？既已謂之一矣，且得無言乎？」莊子對於這「一」，一定是深入其中，而且知道「難言其妙」。想當然，莊子也同意老子所說的宇宙世界：

天地之始、萬物之母，

兩者同出而異名，同謂之玄，玄之又玄，眾妙之門。

而且老子所說的天地萬物、宇宙人生，也就是「一、元」的世界。所以元宇宙、玄宇宙都是「一」的世界，都很圓融。說不定有一天，Metaverse 會走入「老莊」的世界中。

月明星稀，烏鵲南飛

「月明星稀，烏鵲南飛，此非曹孟德之詩乎？」中學國文課，學校教蘇軾的〈赤壁賦〉，只有這一句記得特別清楚。曹操的〈短歌行〉結尾：「**月明星稀，烏鵲南飛，繞樹三匝，何枝可依？山不厭高，海不厭深；周公吐哺，天下歸心。**」在 2015 年公司要辦研討會的時候，我想到了這幾句話，藉之來表達我們的處境與志向。

在半導體電子業、高科技這個領域，基本上，第一名的吃香喝辣，第二名的或許還有湯喝，第三名以後的，可能就要有收攤的心理準備了。一些高科技公司，即使是前幾大的，也會因遇到困境而有被收購的可能。那第一名的有點像是月亮，星星再亮，在月亮旁邊也難看得到了。有大成就，能成大功者，畢竟是極少數，耀眼的鎂光燈照射著他們。相形之下，其他的星星就黯淡無光，甚至很難看得見了。

很多行業也常常是「月明星稀」，一家獨亮，其他的星星也就稀稀落落了。那該怎麼辦呢？有志之士都往溫暖的南方去尋找自己的春天。但是在這大地之上，即使找到個可能發揮自己長處的大樹，繞啊繞，還是找不到棲息之處。哪裡可以發揮所長呢？在這棵「人工智能物聯網」大樹繞來繞去，繞了三圈，要棲息在哪一枝呢？智能傳感器、智能手機、智能交通、智能家電、無人機、車用電子、電動車、充電裝置、自動駕駛、遙控、自動裝置、無線傳輸、高速運算、人工智能、VR／AR？

「山不厭高，海不厭深」，所幸我們大家的理想、抱負、願景、心胸；我們大家的勇氣、能力、才幹、智慧，就像山一樣，永遠不會嫌它們太高；就像海一樣，永遠不會嫌它們太深。我們應該學習周公，把自己的智慧、能力、理想、抱負，無私地貢獻給社會大眾，服務天下百姓。如此，自然能夠得到天下人的尊敬，而使「天下歸心」了。

〈短歌行〉：

對酒當歌，人生幾何？譬如朝露，去日苦多。慨當以慷，憂思難忘。何以解憂？唯有杜康。青青子衿，悠悠我心。但為君故，沉吟至今。呦呦鹿鳴，食野之苹。我有嘉賓，鼓瑟吹笙。明明如月，何時可輟？憂從中來，不可斷絕。越陌度阡，枉用相存。契闊談讌，心念舊恩。月明星稀，

烏鵲南飛。繞樹三匝，何枝可依？山不厭高，海不厭深。
周公吐哺，天下歸心。

「對酒當歌，人生幾何？譬如朝露，去日苦多。」這個
心境非常像李白的「浮生若夢，為歡幾何？」接下來的詩文
中對人才的重視，用情及掛念溢於言表，字裡行間全都深入
「心」中。表面上歌舞鼓樂、吃喝飲宴，高談闊論之間，內
心卻充滿懷念與感恩。李白喝個春酒，就將「天地、光陰」
宇宙人生，深入地想了一遍。曹操橫槊賦詩，酒水中的詩意，
相對於詩仙李白，旗鼓相當，毫不遜色。千杯不醉的李白如
果遇到對酒當歌的曹操，兩人必定惺惺相惜，開懷暢飲，互
相敬酒說：「與爾同銷萬古愁！」

「青青子衿，悠悠我心。但為君故，沉吟至今。呦呦鹿
鳴，食野之苹。我有嘉賓，鼓瑟吹笙。明明如月，何時可輟？
憂從中來，不可斷絕。越陌度阡，枉用相存。契闊談讌，心
念舊恩。」中興大業，人才為本。尋求才德之士，總是在領
導人的心中掛念著。我們試著用口語的方式來表達：

「有識之士，常在我心。但為君故，思念至今。別人有
錢，吃香喝辣。我有嘉賓，笑談古今。高風亮節，何時可得？
擔憂之情，豈能斷絕。遠道來訪，真不敢當。暢飲敘舊，深
恩難忘。」

〈短歌行〉這首詩歌深入生活情境，引人入勝，氣勢豪邁，動人心弦，百世流傳，其來有自。文章從觸景生情，感慨萬千，漸而感傷，甚至情傷，深入人生之後，憂從中來，產生了些許無奈與惆悵。接著山窮水盡，柳暗花明，看到了未來的光明面，隨即轉折提升到正能量的境界，讓人生充滿了希望與智慧。「山不厭高，海不厭深，周公吐哺，天下歸心」，結尾高瞻遠矚，氣魄宏偉，感動人心，真是神來之筆。

《三國演義》中，曹操與劉備「青梅煮酒論英雄」，劉備先開個頭，「風從虎，雲從龍，龍虎英雄傲蒼穹」，兩人開始談論著當代誰是英雄。劉備舉「祖上四世三公、兵精糧足，虎踞千里冀州而且圖謀天下」的袁紹。曹操卻說：「袁紹色厲而膽薄、優柔寡斷，做大事而惜身，見小利而忘義，絕非英雄。」怎麼樣才是世間英雄？羅貫中假借曹操之口說：「所謂英雄，應該胸懷大志，腹有良謀。上能洞察宇宙之妙，下能吞吐天地之機。」用現代的話來說：「高級領導人要有造福眾生的大志，有 vision、有 strategy、有 methodology，知道大小、先後、輕重、緩急之次第。」「要深入明瞭自然科學、社會科學，瞭解宇宙人生的奧妙；而後能巧妙運用自然法則之公理、定律、道理，來造福大眾。」儒家志向的最高境界，也就是宋朝理學大家張載的橫渠四句。我們將橫渠四句對照曹操的英雄四句，有著英雄所見相同，異曲同工之

妙。而且連結起來看，更是高瞻遠矚，清新自然。曹操這裡講的是「帥才」。

胸懷大志，為天地立心。

腹有良謀，為生民立命。

洞察宇宙之妙，為往聖繼絕學。

吞吐天地之機，為萬世開太平。

羅貫中也假借諸葛亮之口說：「為將者，如不通天文、不識地理、不知陰陽、不曉奇門、不觀陣圖、不掌兵勢，庸才也。」換成現代的話：「一個作戰的領導人，如果不懂基本自然科學，沒有社會科學訓練，不懂基本物理化學、基本電子學，不知基本算術、概率、演算法、AI、大數據，不懂天下政經社科（PEST）大趨勢，不能掌握自己的強弱機危（SWOT），如何能當一個稱職的領軍之人呢？」如果一個像早年大帥型的領軍者，連基本算術、幾何、三角函數、概率、基本物理、聲速、光速等都分不清，來指揮現代化的陸海空、航太電子戰，可能會非常麻煩。

早年聽父親說過：「學會奇門遁，來人不用問。」我問為什麼？他說：「奇門遁甲，任何一件事情發生，都有時間『八

字」、空間地點，接下來的事情，就照著陰陽五行、斗數八字，或是梅花、鐵版神算公式推斷，就都知道了，所以不用問別人。」這聽起來，怎麼看都類似物理學之牛頓力學的應用，給一個「起始條件」，有個空間、時間狀態，比如站立著丟一顆小石頭，程度好的高中畢業生就能夠「演算」出它的運動軌跡，不用問別人。諸葛亮上面講的是「將才」。

曹操曾以七萬部將戰勝袁紹七十萬大軍。大戰之前，他說：「兵不在多，在精。將不在勇，在謀。如果要比將士多寡，我永遠比不上袁紹。可是要比起精悍和智謀，三個袁本初綁一塊也比不上我。」創業初期，曹操意氣風發，豪氣干雲，不足為奇。曹軍壯大之後，準備一統江山，卻以八十萬大軍在赤壁之戰，敗給了不足八萬的孫劉聯軍。赤壁之戰大敗，對於曹操可以說是奇恥大辱。但是，他並沒有自刎以謝江北父老。反而在面對敗軍之將士，心平氣和地說：「將者如醫者，醫者，是醫過的人愈多，醫術愈高明。換句話說，醫死人愈多，醫術愈高明。將者，如果不經歷幾次敗仗，如何能夠知道怎麼去打勝仗。這世界上從來就沒有百戰百勝的將軍。只有敗而不殆，敗而亦勇，並且最終取得勝利的人。我們八十三萬大軍揮師南下，卻敗於孫劉五、六萬軍隊，為何？我看最根本的原因，是因為最近這些年，我們勝仗打得太多，兵驕將怠，文恬武嬉，輕敵自負。尤其是我，居然連

一個小小的苦肉計，都未能識破，致使東吳火攻得手。由此看來，我們是到了該吃一個敗仗的時候。失敗是個好事，失敗能教我們如何成功，失敗能夠教我們如何取勝，失敗能夠教會我們如何取得天下。一個人要想成事，就得拿得起放得下。打仗也是如此，要勝得起，也要敗得起。」此地借曹操之口所講的話，不見得都是正確的。但是，重點在於大敗而不餒，不逞匹夫之勇，而且仍然頭腦清醒，從失敗中汲取教訓，學習如何成功，這些話值得深思啊！

當然前面所說的帥才、將才，都是世界級、極高的標準的。然而第一流的國家、第一流的公司要永續經營發展，是否需要最高標準的人才呢？當年英特爾執行長安迪·葛洛夫博士出版《十倍速時代》（*Only the paranoid survive*）一書的時候，英特爾公司營運並不好，而且面臨著內外巨大挑戰。有人認為 paranoid 是「偏執狂」而不可取。但是我們琢磨著葛洛夫是要強調，只有極高標準的要求，才能夠永續發展。葛洛夫原是匈牙利人，家庭、生活坎坷不堪。後以難民身分進到美國，起初彆腳的英文帶著濃濃的匈牙利腔，四年後在紐約市立大學化工系第一名畢業，之後取得加州大學柏克萊分校博士，進入英特爾工作，成為半導體界一代宗師。

如果我們沒有周公之才、之德，也不能像曹操一樣，橫槊賦詩，能文能武，自己的工作又老是做得不好，做不到高

標準的成績，那麼，該怎麼辦？如何才能「天下歸心」呢？另外一個可行的辦法，想想孟子在《孟子·離婁》章的這句話：

行有不得者，皆反求諸己，其身正，而天下歸之。

（做不到、做得不好，都回過頭來要求自己，看看有什麼地方應該改善，努力求進步。果然如此，那麼自己便可以坐得端、行得正，自然也可以得到天下人的尊敬。）

《孟子》也說：

得志，澤加於民；不得志，修身見於世。窮則獨善其身，達則兼濟天下。

中國自古以來的聖賢「讀書人」、高級知識分子，一生真正想要追求的，從格物、致知、誠意、正心、修身、齊家、治國、平天下，也就是「為往聖繼絕學，為萬世開太平」，無不以天下興亡為己任，而能有受人景仰的高風亮節。心存天下，為大家服務，而贏得天下人的尊敬。世間的大英雄，有所為、有所不為，有所作、有所不作。而出世間的大英雄，無為而無不為，無作而無不作，一切事物皆隨順自然，完全不放在心上，瀟灑脫俗，隨遇而安，快樂無比。「天下歸心」，

或許還藏有更深一層的意義。沒有宇宙，哪來人生；沒有人生，宇宙吹皺一池春水，干卿底事？如果能夠有廣大心量，「心包太虛、量周沙界」、「無緣大慈、同體大悲」，如此，則天下自然「歸心」，因為「天下」本來也就是「心」的一部分啊！

手機小螢幕看天下大事
——見微知著

我們多數人都喜歡快速得到答案，像打乒乓球式地去找問題答案，而且以為一上網，就什麼都知道，以為自己懂了。看手機、看電視而獲得的常識、知識甚多，但是多半無法深入議題。沒有根的常識、知識，是很難有見地、見識的。如此，如何能有深度，如何能夠深入道理義趣？

科技高速的發展，令我們看到外在的自然及人文環境變得非常複雜。資訊、知識的爆炸成長，迫使每個人的專業變得愈來愈窄，也更加「以管窺天」。紛紛擾擾的雜訊使人心浮動，競爭的環境使得我們變得急功近利，常常以自我為中心，與人相互對立。大家可能因為更重視私利，以至於變得自私自利。現在的「讀書人」比較不重視人文及傳統文化的薰陶，可是「文人相輕」的現象似乎並未減少。

清朝的文學家、史學家、詩人趙翼的〈論詩〉：

「李杜詩篇萬口傳，至今已覺不新鮮。江山代有才人出，各領風騷數百年。」

趙翼是江蘇陽湖人，乾隆年間進士，論詩主張推陳出新，力反摹擬。詩文尚且如此，更遑論其他科技領域了！古代農業社會，一切變化比較緩慢，一個制度、一個學說、一個平台，很可能沿用數百年而不需改變。現代工商社會，科技發展日新月異，一切講求快速，急功近利的風氣，一個創新可以領風騷數年到十數年的，比較常見，能夠「領風騷數十年」，已經是非常罕見了。趙翼〈論詩〉的另外一首：「隻眼須憑自主張，紛紛藝苑漫雌黃。矮人看戲何曾見，都是隨人說短長。」用白話來說，就是看任何事情，要獨具慧眼，要有自己的主張與見解，而不要「信口雌黃」，不顧事實真相，隨口亂說，妄加批評。如果沒有主見，就會像矮人看戲一樣（可能是古代的戲台子比較高吧），自己什麼也沒看見，只是人云亦云，隨聲附和而說長道短。

這首詩主要也在強調，評論事物，要有主見，不要人云亦云。「矮人看戲何曾見」，如果只看表面意思，會有歧視矮人的想法。然而文人用詞是為了強調其對比性，引人深思，

進而看見其背後意義，聽弦外之音，聽懂真實用意。所以此地的「矮人」應該指的是「細人」，眼光見識短淺之人。趙翼這首詩，主要是在要求我們自己在面對人、事、物及各種問題時，不要人云亦云，而要有較深一層的看法。「千夫諾諾，不如一士諤諤。」趙翼一士諤諤，如今已難得一見了。

面對問題，應該先弄清楚問題本身談的「是什麼」、「怎麼回事」、「為什麼」。「科學訓練」使我們面對問題、事情能更有嚴謹性。而不會反正「差不多」，加上「大概、或者、也許是」的壞習慣。會先弄清楚事情定義及其界定範圍、條件。所以談論時會加上在某些狀況下會如何如何等先決條件。因而比較不會斬釘截鐵、鐵口直斷，或是信口雌黃、隨便亂說。正因如此，才比較能切入正題、深入義趣、就事論事，才不會一個不小心，成為「矮人」而「隨人說短長」。

有句老話說：「秀才不出門，能知天下事。」以現代的報紙、電視、廣播、網際網路、內線網路，社群媒體網站等等架構，加上雲端大數據、人工智能的快速分析整理、系統之間的高速無線傳輸，並有電腦、手機及各種手持裝置等等接收系統的普及，對於現代的「秀才」來說，「知天下事」像是家常便飯。問題是，在古代並沒有這些高科技的工具，為什麼「秀才」不出門，也能知道天下事呢？這句話應該是有所本的，而不是讀書人自吹自播的無稽之談。其中一個原

因應該是，在農業社會時代，社會的步調相對緩慢，一切變化也比較有脈絡可循。另外一個原因應該是「有識之士」能夠「見微知著」、「明察秋毫」，因而可以知曉及預測許多天下發展的大趨勢。

我們用手機、平板電腦、電視來看戲、看節目，都是在小框框、小螢幕框架上局部地、短暫地來看。說實在話，我們何曾見到真相？如果我們只用「肉眼」盯著手機上的小螢幕，只看到手機屏上眼前的短少資訊，而沒有用到背後的雲端、大數據，其中所藏的「天眼、法眼、慧眼」來看真相，豈不是也很像「矮人看戲」？

達摩祖師對空智法師說：「看那看不到的東西，聽那聽不到的聲音，知那不知的事物，才是真理。」看那看不見的東西，看背後的意思、意義，聽弦外之音，才是硬道理。如果還能夠「見古人之所未見，發今人之所未發」，那麼就是「高人」看戲了。科學家、企業家、政治家、工程師、領導人，很多時候都是在「看那別人看不到的東西，聽那別人聽不到的聲音，學習那別人不知道的事物」。施振榮先生常說要做個「有用」的人，如果我們所看、所聽、所知、所做，都是每人每日都在做的，那麼我們的「用處」可能就不大了。創新、改善，苟日新，日日新，又日新，是很重要的科學精神。回頭想想，即使是學科學，做高科技產業的讀書人，即使在

自己熟悉的領域，也常常「都是隨人說短長」，人云亦云，隨聲附和。真正有見識的人，心中應該有其獨到的見解，不會盲目追隨附和他人，而毫無主見。更不會只是抄襲別人的東西，只會 me too。所以「矮人看戲何曾見，都是隨人說短長」是值得「讀書人」深思的。有了人工智能物聯網的機器學習（machine learning）及深度學習（deep learning），雲端、大數據，及 ChatGPT 的幫助，我們要「從手機小螢幕看到背後大趨勢」就容易、方便得多了。說不定而今而後，「見微知著」便是在手指頭滑動之間哩！

心路轉折，柳暗花明

創業維艱、守成不易，許多過來人常說創業成功的關鍵字是時機「timing」。來得早了，機緣環境（infra structure）沒準備好（ready）；來得晚了，位置被佔了而失去先機。創業最重要的一個字應該是「緣」字，也就是「人、事、財、時、地、物」都碰到一起，緣成熟了，才能讓種子起現形，開始發芽生長，也或許就是「天時、地利、人和」，才是取勝重要因素。高科技產業創業時的幾個要素是：產品、技術、資金、團隊。有了產品技術或是想法，得要有資金才能組織團隊。如果能夠有個團隊，一起憧憬著高科技產業的未來，大家有相同的方向與理念，腳踏實地，不怕挑戰，堅持到底，應該是人生一大樂事吧。如果精算過創業的成功率及成功條件，或許就會大幅減少自行創業的高科技新創公司了。新創公司最常見的問題便是資金用光了，公司還不賺錢，業績還起不

來。有位好友是投資界世界級的高人，在一次聊天中談到我籌資的情形，他語重心長地對我說，在新創公司籌資，有三個 F 字要注意，以下三種人的資金最好不要去找：family（家人）、friend（朋友）及 fool（不懂這行的人）。我痛苦地說，你怎麼不早說呢？

人際關係變化

三個 F 字的錯誤，我全犯了。這種錯誤有多嚴重呢？好友電話不敢打了，因為當對方問公司近況如何？業績如何？開始賺錢了嗎？難以回答啊！逢年過節，也怕跟親戚見面，最怕被問到公司賺錢了沒有？什麼時候上市啊？另外面對不懂這一行的投資人，問題更加棘手，怎麼要籌這麼多錢？為什麼籌這麼多次啊？何時上市？怎麼回答呢？漸漸地，可以分享內心話的親朋好友愈來愈少。在大公司的光環下，不用解釋說明，很多事情都好辦。新創小公司還沒有商業信用，也沒有銀行紀錄，當然怪不得廠商、客戶都小心謹慎。記得第一次向供應商下訂單時，對方說，得等錢進來之後才能開始下晶圓。我說：「錢匯過去了呀！」對方回說：「會計還沒看到入帳。」考驗還沒正式上場，就已經五味雜陳。

另外一位世界級的創投朋友在公司草創時期對我說，要「Plan for the worst and wish for the best」，就是「有最糟

情況的準備規畫，但是要認真努力，期待有最好的結果」。想通這一點，豈不也是「放下、提起」很好的一個註解？但是在生活境界中，遇到極大的挑戰壓力時，說說容易，要做到，真難啊！箇中三昧，實非局外人所能想像。然而，能夠如此正面思維，才是面對真實人生的圭臬法寶。

世上最苦之人

　　小時候，有一次父親問我：「世界上什麼人最苦？」那時候，我只知道我們家生活很苦，每個月父親那點薪水，一家九口人花，常常連半個月都撐不過。最常聽父親講的一句話是「千金散去，怎麼還不來？」當時哪裡管得到什麼人最苦？我豎起耳朵等答案，父親說是：「無告」之人最苦。指的是心裡有話，卻沒有可以訴說的人。心裡的話，沒有人可以說，所以苦不堪言。

　　我一直不知道父親的這個說法出自何處？幾十年之後，前一陣子，才上網查看。《莊子・天道篇》：

　　昔者舜問於堯曰：「天王之用心何如？」堯曰：「吾不敖『無告』，不廢窮民，苦死者，嘉孺子而哀婦人，此吾所以用心已。」

用白話來說：「舜問堯，你當天子怎麼用心呢？堯回答說：
『我不輕慢無依無靠，有苦而無人可以訴說之人；不會拋棄
貧窮而走投無路的百姓；會悲憫死亡的人；愛護孩子；而且
憐惜婦女；這些就是我的用心。』」

「無告」、窮民、死者、孺子、婦人，都是古代的弱勢
族群，「無告」排最前面，算是最苦之人。看來「無告」在
堯舜時代，就已然是通用之詞語了。《孟子·梁惠王下》：

> 老而無妻曰鰥，老而無夫曰寡，老而無子曰獨，幼而
> 無父曰孤，此四者天下之窮民而「無告」者。

在古代，鰥寡孤獨者或許比較可能成為窮民而且是「無
告」者。時至今日，婦人的家庭、社會、政經地位，已然不
亞於男性，而且女力也已經撐起了半邊天，或許讓座「老弱
婦孺」的標語可以改改了。

自古以來的帝王都稱孤道寡，因為他們心裡的話，常常
連最親的人都不能說。說了，後果說不定會天翻地覆。沒有
想到的是，如今的社會，孤寡老頭、老婆，無處不在，尤其
是日本的「下流老人」已然成為社會的常態，真是不勝唏噓。
更甚者，老頭、老婆活得愈來愈長，而成為孤獨者的年齡卻
是愈來愈年輕，「無告」之人的社會問題需要嚴肅面對。當

今的社會，廣義的「孤獨」之人，心靈上的孤獨之人愈來愈多，真正能夠說知心話的人愈來愈少。鰥寡孤獨者自然不必說，即使大家庭成員之間的互動也因各自常盯著手機小螢幕而變得冷漠。聽說有夫妻躺在床上問對方要不要一起用晚餐得透過簡訊。長期小家庭的趨勢，高離婚率，加上兒女長大各自在外地謀生，獨居老人、一人用餐者，已然愈來愈多。自行創業的人常常就像另類、廣義的「無告」之人。孤獨、獨居老人的感覺並不一定是在獨處的時候，反而常常是在人多聚會的時候。愈是熱鬧的場合，孤獨的心情可能愈重。在聚會回家之後，回想到人多時的孤獨感或許更為強烈。

踽踽獨行，走入內心深處

創業籌資的這個錯誤，後來使我經由孤獨寂寞的路程，進入心靈深處的世界。之後人生的旅途中，周圍往來的「鴻儒」變少了。身邊的親朋好友，也因為自己不好意思聯絡，多半成為君子之交，其淡如水了。個人生活漸漸歸於平淡的時候，開始從繽紛的物理宇宙，走向混濁的心理世界。宇宙浩瀚無邊，無以計數巨大的銀河系、無限的塵沙物質，卻絲毫遮掩不住內心世界的紛擾。從物理世界走入心理世界，有點像是從「宏觀世界」走進「微觀世界」。宏觀世界像是個萬花筒，微觀世界及內心世界又何嘗不像是萬花筒一樣？看

看微觀世界「電子顯微鏡」的照片，常常讓我們驚訝得瞠目結舌。進入那深深的心理世界，箇中景象，更是難以言喻。

當一個人清晨走在那沉靜的心路上，開始覺得雲淡風輕，看到了路上花柳相傍，這個時候，如亂絲般的思路，像是有高人幫忙梳理似的，變得縷縷分明；雜亂無章的人事物，也如吹開了雲霧的糾紛群山，條理清晰。原來想不到、想不通的事情與道理，漸漸地像是機緣巧合，而有豁然開朗的情況發生。

「孤獨」是通往內心深處的一扇門，如果真能夠進入了自己的內心世界，那個世界可以令人驚豔。果然如此，那就可能遇到像永嘉大師所說「常獨行、常獨步，達者同遊涅槃路」的境界。果然如此，那麼又何必「在意別人如何看待自己」呢？

十九世紀德國著名的哲學家叔本華（1788-1869）曾說：「沒有相當程度的孤獨是不可能有內心的平和。」「人性一個最特別的弱點就是：在意別人如何看待自己。」不經歷過大變動的人事環境或是人情冷暖，如何走向「孤獨」的心路呢？沒有相當的孤獨，不能夠進入到內心深處；不到內心深處，不會有心境的平和；沒有內心的平和，便會在乎別人對你的看法，而受別人的干擾。叔本華應該不是憑空想像出這樣的哲理，應該是因為孤獨寂寞，而走入了心靈深處。

「空寂」像是「慧」

　　古聖先賢造字，真的非常有「智慧」！慧，是心上一把掃帚。彗星，就是掃帚星。掃帚，將心上的汙染、雜念，愈掃愈乾淨。愈掃愈少，便是慧。最重要的汙染、雜念就是「自私、貪心、瞋恨、嫉妒、自我、傲慢、偏見」等等。心上的汙染、雜念愈來愈少，自私自利、自我中心便會愈來愈淡。所以，慧是怎麼來的？慧是「修剪、修減」，修習得來的。「慧」的形象就是「空寂」，而「空寂」能生「慧」。《楞嚴經》上說：「攝心之謂戒，因戒生定，因定開慧。」先堵住外界的汙染、干擾，有所不為，令內心安定而不散亂。如此，經過戒、定的程序步驟，慧便能顯現出來。

　　這像極了老子《道德經》所說：「為道日損。」為道，妄念、偏見、自我、自私，愈修愈少。老子接著說：「損之又損，以至於無為，無為而無不為。」損、損之又損，是戒；無為是定；無為而無不為是慧。為什麼「慧」、「空寂」會有老子所說這麼大的效力？惠能大師貧苦出身，打柴為生。沒上過正規學校，不太識字。但是他聽幾遍《金剛經》就大澈大悟、明心見性、見性成佛了。從前面的討論，惠能應該是「慧」修得極好，由「慧」門成就的。由此可見，修「慧」的功效了得，修慧重要啊。

　　上面說的「道理」聽起來有點玄，好像深奧難懂。如果

用「數學」或是「物理」來說明，說不定中學程度就足夠了。IC 電路設計，工程師經常在努力的，便是提高**「信噪比」**（Signal / Noise ratio）。信號、訊號要大，好比是「智」；噪聲、雜訊要愈小愈好，好比是「慧」。需要有高的信噪比，才能夠正確運算、運作。要求的是信號、訊號要大，而噪聲、雜訊要愈小愈好。信噪比愈大，解析訊號就愈容易。試想，當噪聲、雜訊小到趨近於零，也就是信噪比的「分母」趨近於零的時候，會怎麼樣？當 $N \rightarrow 0$，S/N 的「數學」意義是無窮大 ∞。「空寂」像是 S/N ratio 之「N」變得極小；雜念變得極少，也就是「慧」。「空寂」、「慧」像分母 N，當 $N \rightarrow 0$，S/N 是無窮大 ∞。這個時候，只要一點點的「智」，「智 / 慧」，其效果就不得了。豈不是「損之又損，以至於無為，無為而無不為」嗎？如此，「空寂」的「物理」意義，也就比較容易理解了。

艱困中不失遠見

　　《三國》電影中，有一幕是劉備帶著逃難的軍民百姓從荊州的新野小鎮，往南邊江夏鎮轉進。沿途丟盔棄甲，倉皇狼狽，眼看即將被曹軍追上。後果可能是身首異處，全軍覆沒。這個時候，諸葛亮搖著羽扇，向劉備建議後面二十年的軍事布局、建國藍圖，娓娓道來，一副輕鬆神態。劉備悻悻

然地說，「我已經落魄至此，幾乎一無所有了，你怎麼還去想未來的建國大計呢？」諸葛亮卻回答：「千秋大業，都是起於山窮水盡之時。」智聖諸葛，面對人生大夢，方向抓得還真清楚。

每個人，人生最大的事情，就是生、死。公司、國家又何嘗不是如此！很多人可能會認為國家的存亡，離我們很遠，或是不關我們的事。各位看看，在二次世界大戰時的中國，大半江山都被日軍佔領，死亡的軍民何止千萬人，而且幾乎亡國。再看看曾經是日不落國，世界第一強的大英帝國，在二次世界大戰所發生的真實故事。1939 年第二次世界大戰剛開始時，英國政府非常擔心，如果英國被德軍佔領時，人民該怎麼辦？憂國憂民的英國政府官員，大量製作了「Keep calm and carry on」（保持冷靜，繼續前進）的宣傳海報。計畫一旦納粹佔領英國情況發生後，以為安撫民心、鼓舞士氣之用。這張海報後來並未用上，最初並不為人所知，2000 年它被人發現並被眾多商家印刷發行，以做為產品的裝飾主題。

到 2012 年為止，已收集到了十五份英國政府當年印刷的海報。「Plan for the worst and wish for the best」及「Keep calm and carry on」，鼓舞我們要有憂患意識及準備，但保持冷靜，繼續努力前進，爭取全體最好的結果。

209

心存感恩，盡力而為

　　一個公司或是企業的領導人要為 stakeholders（利益相關者）負責，也就是要為投資者、客戶、工作夥伴、生產、業務夥伴及社會環境維護來負責。任何企業要能有成就，都得感謝所有的利益相關者，心存感恩，盡力而為，便是負責任的態度及起始點。

不怕犯錯，不怕失敗，正向思考

　　不怕犯錯，不怕失敗。一般來說，沒有人會故意犯錯。犯錯通常都有脈絡可循：趕時間、不小心、該注意沒有注意到。前事不忘後事之師，之後建立方法、系統及查驗步驟就很重要，以免再犯。正向面對犯錯及失敗，都會是邁向成功的墊腳石。勝敗乃兵家常事！老中說「失敗是成功之母」，小時候老師都這麼說。到了美國，老美說「勤奮是成功之母」。到底哪個說法才對？老美說的，看起來直接、合理。但是勤奮只是成功之「必要條件」，所缺的還多著呢！老中說的，間接、跳了好幾步，繞了一大圈，需要解釋清楚。老外的思考方式、思路常常是一條直線，一個點接一個點，從開始走到結束。老中的思考方式，其思路常常是一個圓圈，起承轉合，從開始到最後，又回到原點，「始、終」是同一回事。中西合璧、中外思維方式，合起來看，或許更圓滿。

　　早年在意法半導體接受管理訓練的時候，指導教練最後語重心長地告訴我說：「你能有今天的表現，一定有你的長處，就做你自己吧（just be yourself）。但是我們最擔心的是，你還沒有失敗過。」年輕氣盛、意氣風發的時候，是聽不懂他話中意涵的。孔子說：「**如有周公之才之美，使驕且吝，其餘不足觀也已。**」即使有周公的才華，假如驕傲而不懂得謙虛，吝嗇不懂得感恩，這個人其他的地方也就沒什麼值得談論的了。沒有失敗過的人，不能謙遜，難有感恩之心。活在雲端，不接地氣的人，是很難有真實人生體悟的。如此，到頭來很可能成了「來時糊塗，去時迷，空到人間走一回」。

　　然而要面對失敗、接受嚴酷挑戰，也絕非易事。是非成敗、榮辱得失，在起起伏伏的浪花之中，我們如何自處？在任何時候，尤其在顛沛困頓中，哲人的人生體驗、至理名言，都可以是扶持我們的力量。「失敗」不一定會生出成功，它也可能是下一個大失敗的母親。怎麼說呢？如果一次失敗就失意喪志、怨天尤人，把責任都推出去，都是別人的錯。那麼，更大的失敗就有可能隨之而來。或許「善敗」才會是成功之母。敗而不餒，敗而不傷。敗不可恥，敗中吸取教訓，「行有不得，反求諸己」，重整旗鼓，重新努力。如此，失敗才會是成功之母，才有成功的機會。但是如果不繼續努力，「成功」也可能會「小產」。這些都是說說容易，自己身歷其境，

常常會像是霧裡看花，愈看愈花。在迷失方向的時候，需要「指南針」，需要有引導我們走出迷茫的導師、智慧、工具。其實我們看到的成功、失敗，都是「斷見」。

如果把時間軸拉長，把空間範圍擴大，成功、失敗的人、事、物在哪裡呢？「痛苦」不一定能使我們更堅強，但是我們可以將之「轉換」成為自己堅強的動力。外在的、表面的「榮辱得失」、「是非成敗」，不用太關心，盡量減少被干擾，因為它們本來就不關我們的「心」什麼事！但是內心堅定、心念意志的堅強，會生生世世地影響我們的大未來。看看「立德、立功、立言」、留芳百世的聖賢們，有哪個是教人「失意喪志」、「拿不起、放不下」的呢？所以，正向思考，「正念」非常重要。「吃得苦中苦，方為人上人」絕非一般人在正常情況下說得出來的。「吃得」、「方為」，應該是過來人感受到的心得；至於「人上人」和「富貴壽考」應該沒有什麼關係，而是和他們內心「境界」之提升有關吧。

積極面對挑戰

· 孟子：「行有不得，反求諸己。」「生於憂患，死於安樂。」

· 投資家：「Plan for the worst, wish for the best.」（有最糟情況的準備，要認真努力，期待有最好的結果。）

· 英國政府：「Keep calm and carry on.」（保持冷靜，繼續

前進。）

‧英特爾早年的 CEO 安迪‧葛洛夫在其著作《*High Output Management*》說他常引用一句話：「Let chaos reign and then rein in chaos.」（讓混亂進行一陣子，然後再去整治混亂。）這有點「讓子彈飛一回兒」的味道。

‧不經一番寒徹骨，焉得梅花撲鼻香。

長遠心、青雲志

‧孔子：「無欲速，無見小利。欲速則不達，見小利則大事不成。」「人無遠慮，必有近憂。」

‧《老子》：「合抱之木，生於毫末；九層之台，起於累土；千里之行，始於足下。」

‧《孫卿子》：「故不積跬步，無以至千里；不積小流，無以成河海。」

‧《群書治要》：「夫物速成則疾亡，晚就則善終。朝華之草，夕而零落；松柏之茂，隆寒不衰。是以大雅君子惡速成。」（魏志下）

‧王勃〈滕王閣序〉：「君子安貧，達人知命。老當益壯，寧移白首之心？窮且益堅，不墜青雲之志。」

看破、放下、提起

- 布袋和尚：「放下、提起。」
- 卡內基：「Stop worrying, start living.」（停止憂慮，開始生活。）
- 「不忮不求，何用不臧？」不嫉妒、不貪求，有何不好？
- 呂蒙正〈破窯賦〉：「文章蓋世，孔子尚困於陳邦；武略超群，太公垂釣於渭水。」「天不得時，日月無光；地不得時，草木不長；水不得時，風浪不平；人不得時，利運不通。」努力耕耘，時機到了，自然會有收穫回報。
- 看破、放下、再提起，繼續努力前進，造福大眾，過正常的生活，才是真實的人生。

　　前面這些話在告訴我們什麼？最重要的就是「正向思考」，正面應對所遇到的困難。「行有不得，反求諸己。」遇到重大困難，碰上嚴峻問題的時候，如果能夠深入反思，找尋問題的解決方案，重回正確的軌道，而且正向往前看，將來成功機會較大。當然，說說容易，遇到境界考驗的時候，才見真章。「有錢難買少年貧」、「吃得苦中苦，方為人上人」，功夫得從小、從年輕時開始鍛鍊，才能夠運用得當，如松柏長青。關關難過，關關過，沒有如此痛苦的經歷，哪裡來的「寒徹骨，撲鼻香」刻骨銘心的滋味呢？果真是驚了心，動了魄，感受從皮、肉、骨、髓而入心裡，那麼「寒徹骨」

又算得了什麼呢？不知道這是否就是孟子說的「動心忍性，增益其所不能」？沒有刻骨銘心的人生歷練，沒有歷事練心、勵志忍性的心路轉折，哪裡來的精彩故事說給後人聽呢？正向思考，正面看待自己的遭遇，會更有機會明白「人生真實意義」。

創業十幾年的秋月春風，失魂落魄，踽踽獨行，磕磕碰碰；驀然回首，漸漸地讓自己更進一步認識了「熬」這個字。「熬」，好像是一個驕傲的人，脫下了外衣，放在火上烤；吃盡了苦頭，受盡了磨難，才有機會苦其心志，動心忍性，增益其所不能；才有機會脫胎換骨，踩著風火輪遨翔蒼穹。人生智慧，脫俗心志，或許都是「熬」出來的吧。然而，熬，最好還是要熬出個頭來，不然，熬焦了、熬乾了、熬空了，就更麻煩了。熬出「傲志」，熬掉「傲態」。傲志，是「讀書人」的雄心抱負；儒家志向的最高境界就是「橫渠四句」：「為天地立心，為生民立命，為往聖繼絕學，為萬世開太平」。傲態，是自以為是、目中無人。最可怕的是「自私自利、貪得無厭、自大狂妄、囂張跋扈」。

欲說還休

念高中時，讀過「少年不識愁滋味，為賦新詞強說愁」，當時並不知道出處，唸唸也只是附庸風雅，並沒有什麼感覺。

前一陣子上網查了一下，原來這是辛棄疾詞中的句子。「少年不識愁滋味，愛上層樓，愛上層樓，為賦新詞強說愁。而今識盡愁滋味，欲說還休，欲說還休，卻道天涼好個秋。」其實重點在後半段，「而今識盡愁滋味」，箇中滋味，想說，不說；想說，還是不說。卻只打個哈哈說「天涼好個秋」。因為一切「盡在不言中」、「都付笑談中」啊！

一壺濁酒喜相逢

遇事，認真、負責、努力，對得起自己及相關大眾。事後，看破、放下、自在、清淨，雲淡風輕，揮揮衣袖，不帶走一片雲彩。事情過後，可以讀一讀楊慎的〈臨江仙〉：

> 滾滾長江東逝水，浪花淘盡英雄；
> 是非成敗轉頭空，青山依舊在，幾度夕陽紅。
> 白髮漁樵江渚上，慣看秋月春風；
> 一壺濁酒喜相逢，古今多少事，都付笑談中。

再大的事情，轉頭之間，都成了過眼雲煙，還用得著罣礙嗎？真的是「古今多少事，都付笑談中」。

人生的到來是偶然，離開是必然。生活得意時，淡然；失意時，泰然；如此，或許大家都會覺得安然些。「情境」

變化無妨，「心境」才是重要。得意、失意，得什麼意？失什麼意？如果能夠看破利害得失都是身外之物，放下了執著，還有什麼可得、可失？有人問布袋和尚什麼是佛法，他就把背著的布袋「放下」。別人再問：「就這樣？」他背起布袋就走了。布袋和尚這默劇示現的，就是「放下煩惱，提起生活」。人生際遇，猶如萬花筒，有人三十而立，功成名就，卻失去了人生方向，吸毒而亡；有人沒沒無聞當老師，五十餘歲退休，之後創造出驚人的事業；齊桓公貴為春秋五霸之首，卻被廚師餓死，一直到身上的蛆爬出了寢宮，才被人發現；梁武帝建寺供僧為佛門大護法，卻餓死於台城，令人不勝唏噓；王勃弱冠便寫下千年傳世之作，卻得年不永；姜太公八十歲之前垂釣於渭水，遇到文王，替周朝打下了八百年的根基。

最神奇的莫過於呂蒙正，從小乞丐到狀元郎，當了三朝宰相，最後告訴我們「人生在世，富貴不可捧，貧賤不可欺」。人生在世，究竟是為了什麼？「橫渠四句」便是答案。到最後，留點時間給自己，看破放下再提起，莫忘當初來時路，記得瀟灑走這回。

雲有雲的悠閒，風有風的自由。

你我都有一片天空，無邊銀河任君遨遊。

我們什麼都抓不住，也不需要罣礙煩憂。

一顆心放平了，

知足感恩，珍惜所有；

清淨安然，夫復何求。

　　有欠缺，才知完美；有風雨，才懂寧靜；有起伏才是人生，有大風大浪才會成為「難忘的偶然」。生命旅途之中有太多的偶然，然而，無論什麼人，到最後「必然」會走向「時空轉換」，到另外一個全新的世界。路程之中的是是非非、起起伏伏、榮辱得失、孤獨寂寞，都可能是在幫助我們找尋「那人」、那個「在燈火闌珊處」的自己，使我們看到那心底的光亮，心底智慧的光亮，人生無價的寶藏。回頭再來看看徐志摩的〈偶然〉，更能深入其中之宇宙人生意境，它真的不是一般的「情詩」啊！

第 **6** 篇

生活感悟
——科技、人文、佛法與機緣

在 三十歲出頭，不自覺得了偏頭痛，每隔幾週便發作一次，沒有止痛藥就疼痛不止。延續了十年之後，在美國達拉斯遇到一位中醫師，當正在發作時，她一針下去，幾秒鐘就不痛了。後來繼續扎了十幾次，還真治好並且斷根，之後幾乎再也不犯了，真神奇啊。生活之中，我們常常隨波逐流，求名求利，愛上層樓，好高騖遠。有點成績時，還可能忘了我是誰，自以為是，不接地氣。「逝者如斯夫，不捨晝夜」，常常會忘了身體健康，還是要心地平和，才可能有快樂人生。

然而世俗的現實、社會的風氣、名利的誘惑、飲食男女的欲望，哪一樣我們看得開、放得下？日復一日，年復一年，我們仍然對酒當歌，只是忘了「人生幾何，譬如朝露，去日苦多」。我們在為事業打拚時，是否也該留點時間獨處，聽聽內心的聲音？就像叔本華說的：「沒有相當程度的孤獨，是不可能有內心的平和。人性一個最特別的弱點就是，在意別人如何看待自己。」

在臺灣，我們從中學開始就被迫分為自然組、社會組。

之後，科技和人文似乎成為兩個世界。然而，宇宙中的訊號都是類比的，但是 IC 設計電子工程師要將之轉換成數位的，才能夠快速分析，之後再轉為類比信號輸出，方便使用。同樣地，我們生活的世界應該是人文的，科技增加了生活的快速性、方便性，但是不要忘了，之後的呈現，應該還是人文的方式。人文的歸宿是心，儒、道、佛三家都是「心法」，去找到那個「心上的人」，或許更有機會明白宇宙人生的真諦。

神奇的中醫針灸

西方的科學、技術、醫藥等,近幾百年來可說是突飛猛進,也在醫藥保健上建立了完善的研究方法、系統及醫療制度,造福無數大眾。在中國也早有一套有效的中醫、中藥體系,中國古人靠這套傳統醫療方式,也健康地生活了好幾千年。中醫診察病情的基本方法是「望、聞、問、切」。「望」是觀察病人的身體狀況如面色、舌苔等;「聞」是聽病人的說話、咳嗽、喘息等並注意其口中、身體是否有異味;「問」是詢問病人症狀以及病史等;「切」是用手把脈或按腹部診察是否有異常。通過以上四個方式以瞭解病人的病因、性質及其與內臟的關係,以提供治療方法的依據。

在用藥方面,中醫《內經》對醫藥處方提出「君、臣、佐、使」的原則,依主要、次要、支援、聯繫等各種作用配合治病。中醫用藥的君臣佐使就像「四軍聯合作戰」而且分工合作,

主帥中軍主攻，左右翼助攻，聯勤兵工提供軍需裝備，再加上智囊使節，負責溝通化解，巧妙地消除病源、解決病症。這種方法非常有道理，應該比單刀直入，以毒攻毒，直接消滅病毒的治療方法高明些。

中醫針灸是針刺療法和艾灸療法的合稱，根據中醫理論，透過刺激穴位可以改善經絡中氣血的流動運作。採用細針刺入人體穴位或將艾草點燃之後，接著薰穴位來治療疾病。也可以將艾草繫於刺針外方頂端，點燃之後藉由針體將熱能傳入穴位，加強針穴的療效。針灸適用於很多病症，應用方便，據很多臨床實驗報導，針灸對疼痛的療效特別顯著。針灸已獲得聯合國世界衛生組織的承認與推廣，也是聯合國教科文組織認定的人類非物質文化遺產代表作。

我在半導體最早從事的技術專業是元件物理及製程整合，1984年換跑道後轉攻IC設計。這對我來說是新的領域及挑戰。當時壓力非常大，一段時間後，覺得偶爾會頭痛，後來換了工作搬到達拉斯，情況並未改善。每次看醫生，都說是偏頭痛，也說不出個所以然來，只開個止痛藥治標。這情形持續了將近十年，每次出差都得帶著止痛藥，不然一發作起來，不吃止痛藥，頭痛就不會停止，會痛到完全受不了。

大概在1995年的時候，有天吃過了晚飯，偏頭痛又發作了，而且感覺比以前還更嚴重。妻子於是開車送我到附近醫

223

院的急診室。護士們動作也很快，體溫、心跳、血壓等量完一切正常，醫生看了看我，就皺皺眉頭離開了。過了約十分鐘就不再有人理我了。這時我劇烈頭痛，痛得開始作嘔，不一會兒吐得滿地。也不記得晚餐吃了什麼，吐得滿地黑黑的東西，像是大量吐血似的。這時候驚動了醫師趕緊跑過來說「你真的很痛」。我回答他說：「你剛才可能以為我不嚴重，幹嘛跑來急診。」接著護士們也趕快打止痛針、給止痛藥。

在達拉斯，我們有位中醫朋友邱醫師得知我的狀況，建議我可以考慮針灸治療。我問她扎哪裡，她說頭部及身體得有十幾針，我看那些針那麼長，嚇得說算了。幾個月之後，有一個週末的晚上，邱醫師到我們家作客，餐後休息時間，頭痛又發作了。邱醫師問我，如果不吃止痛藥會怎麼樣？我說會一直痛下去直到受不了。她建議我等一下，果然愈來愈難以忍受。她說，既然你現在這麼痛，扎針應該不會覺得痛，我用短針先扎頭皮，你試試看。這時候死馬當活馬醫，我說好吧。她拿了支短針，在頭上正中央，天靈蓋前面一點點，從頭皮往後斜著插進去，我估計大概只有三秒鐘左右，頭就不痛了。

這一下真讓我吃驚，怎麼可能這麼快就不痛了，也使我信心大增。那就繼續扎好了，身子側斜躺著，大約一共扎了十幾針吧。在運針中我問邱醫師，有沒有可能斷根？她說可

以。要扎多少次？回答大約十餘次即可。此後每星期去她診所一次，連去了好幾個月，中間也不再發作。後來觀察了大半年，還真的治好了，從此出差就不再需要帶著止痛藥，算算到現在已經超過二十多年，從前偏頭痛的情形，基本上完全不再發生，真是神奇！

回到臺灣後有另外一個經驗，大約在 2008 年，注意到右手臂舉不起來，也彎不到背後去。起初不以為意，直到有一次開車時，需要從後座拿個東西，右手臂用力向後彎，頓時痛得眼淚都流出來，這才警覺到該看醫生了。經岳父大人特別介紹在臺北有位黃醫師，是中醫博士。他之前看過還不錯，於是我抱著試試看的心理去掛號排隊。把過脈後，黃醫師說這是五十肩，需要扎針、吃藥。為了能快點好，每個週末都去扎針一次，同時拿一個星期的藥內服。

去了三次之後，感覺並沒有顯著改善，信心開始動搖。便問醫生說好像沒什麼改變，他說這個情形比較嚴重，需要多看幾次，我說下星期要出國就不能來了。黃醫師說，那就拿兩星期的藥吧。其實那次之後我就不想再去了，不過那兩星期的藥還是滿貴的，我就耐著性子全部吃了。幾星期後忙得幾乎把五十肩的事全忘了，沒想到後來居然好了，也可以活動自如。

真是好險，如果差那麼一點火候，而沒有治好，我豈不

一輩子都會冤枉黃醫師，而自己可能也得活受罪。過了兩年，左肩也有五十肩現象，雖然比上次的輕微，但這次學乖了。趕緊再上臺北去看黃醫師，扎針、吃藥。同樣地，扎了四次針、吃幾個星期的藥，就完全康復了。從此以後，對中醫的針灸、醫藥治療的信心大幅增加。

6-2
轉機巧遇林青霞女士

2008 年 1 月，全球半導體協會 GSA 在上海辦年會，那時候我代表聯華電子擔任 GSA 的理事，也算主人的一分子。許多公司的重要主管都參加了該年會，當時的聯電董事長兼執行長胡國強博士和台積電副董事長曾繁城博士也都受邀參加。曾繁城兄是臺灣半導體業界的泰斗，為臺灣的半導體產業貢獻了一輩子。同時他在古文、詩詞及佛法上也都有很深的造詣。記得有一次，他考我《金剛經》最後一個四句偈是什麼？還好自己一直都熟記於心：「一切有為法，如夢幻泡影，如露亦如電，應作如是觀。」曾兄是橫跨半導體高科技界及中華傳統文化的世界級精英。其跨領域的實力及成就，可能很少人能望其項背了。

GSA 晚宴時，我對面坐的正是曾副董事長，在晚宴席上與座的多半是業界的好朋友，氣氛比較輕鬆。等待上菜時，

我起了個念頭，請教他：「台積電做得這麼成功，曾兄在貴公司非常久，你認為長久以來，如果只舉一件事，你認為台積電做最對的是什麼事？」同桌的業界精英紛紛看向他，等著他的答案。稍加思索後，他不疾不徐地說：「應該是當年咬緊牙關，接受了英特爾極苛刻的高品質要求，這一步對台積電後來有很正面的影響。」

聽到這麼一段話，我感觸良深，而且心有戚戚焉，因為當年我在英特爾的時候就受過其品保 QRA 部門的震撼教育。而且早年英特爾曾經到臺灣找了好幾家知名的半導體公司，做了同樣極苛刻的品質合作要求，結果只有台積電肯接受它。我當時沉默許久，要做對的事情不容易，要做極端困難，而長遠來說又是對的事情，就不是一般人能下得了決心的。

三十年河東，三十年河西，英特爾在 1990 年到 2020 年之間，執世界半導體牛耳三十年，豈是浪得虛名。1980 年代初期，英特爾世界級的領導人及老將們兢兢業業地努力，仍面對極大挑戰，曾經實行 125% solution（無償加班 25%），效果仍不夠，之後的一年改全面減薪 10% 來應付，而且還讓出 25% 公司股權給 IBM。當年的 CEO 安迪·葛洛夫以身作則，經常早上七點多便到公司巡視。有一次，他一大早七點半左右，在餐廳看到有一位人員在看報紙吃早餐（記得當年有段時間，英特爾早上不得帶報紙進公司），巡視了一圈到八點

半多了，還看到那人依然在看報紙吃早餐。葛洛夫氣不過，走過去對他說：「我不管你是誰，不管在哪部門工作，你被開除了。」那人抬起頭來說：「我在 IBM 工作。」這個笑料頓時在公司傳開了。

那時候英特爾上下管理嚴格、訓練要求紮實。有次我做實驗到半夜兩點才回家，第二天上班八點四十五分趕到，警衛要求主管下來接我，才能進公司。我說：「昨晚我做到半夜才下班。」他冷冷回我：「每個遲到的都這樣說。」1984-1985 年間，面對日本公司 DRAM 的強力競爭，英特爾放棄了 DRAM，專注於 CPU 領域的發展。誠如老子所說：「福兮，禍之所伏。」英特爾因禍得福，而能成為半導體領袖長達三十年之久。然而，2020 年左右，便開始走下坡。享福久了，因榮耀而忘了之前的努力及所吃的苦。老子也說「禍兮，福之所倚」，值得深思。

第二天 GSA 年會過後，很多朋友都趕著回臺灣參加總統大選的盛會，所以搭同班飛機的人很多，非常熱鬧。我跟胡國強一起在香港轉機，我們兩人早早就排隊等著登機。這時不遠處看到一位氣質美女，正往我們這個閘口走過來。我定睛一看，跟胡國強說好像是林青霞。他回說就是呀！我們兩個最多只是她的粉絲，並不認識。她可能察覺到我們在談論她，於是直接落落大方地走到我們面前來。我們兩個也算見

過世面，只是沒這麼近距離地見到過這位超級大明星。還好三人很快就自然地聊了起來，機會難得，當然要簽個名囉，一下子找不到好的地方，她就在我的登機證上簽了大名。我們三人坐的位置也很靠近，只感覺香港飛臺灣怎麼一下子就到了。這班飛機上有好多臺灣科技界的名人，這些人都是電視攝影機前的常客。我們一出停機門到了外面的走廊，忽然感覺到一陣騷動。不遠的地方有一堆攝影機鏡頭朝我們這邊照過來，當時最紅的王雪紅女士也在我們附近一起下了機。本來以為記者群是要採訪她的，說時遲，那時快，只見所有下機的乘客，全部都快速地往兩邊閃避鏡頭。林青霞獨自瀟灑地走上那長長的紅地毯中央繼續往前走，她很自然地微笑對著攝影機鏡頭，當時的場景真是帥呆了！

回到家打開電視才知道，林青霞是專程回臺灣投票給馬英九的。後來電視上說，她誤把自己的私章蓋到選票上而成了廢票。這個錯誤並無傷大雅，因為天后巨星的她，就是個催票機啊。很可惜我那張有林青霞簽名的登機證後來交給公司報帳了。「月明星稀」，明月當空之際，所有的「明星」也變得稀稀落落，而不太看得見了。在影藝巨星面前，所有的科技名人、公司老董、業界大老，眾人都變成拱月的星星。

6-3
巧遇半導體物理泰斗
施敏博士

正所謂「無巧不成書」，2017 年 10 月的一個週末，從新竹搭高鐵上臺北。上車坐定之後，一位有點面善的先生往我旁邊位子坐下。我開口問：「您是不是施敏（Dr. Simon Sze）先生？」他說是。真是太巧了！我很高興地開始跟施先生聊了起來。全世界讀過施博士著述的經典之作《半導體物理》的人，幾十年下來可能高達數百萬人（施先生說很多人是透過網路學習，尤其是在中國大陸）。我當面讚譽施博士這本書，說沒有讀過他這本書的，不能算是半導體人。我當時也提到我的博士論文中有引用他書上關於半導體 dopant 大幅增加時，band Gap 會變小的研究。沒想到他馬上清楚地講解原理，我說我也確實是如此引用的。

施敏和我在英特爾的長官 Leo Yau 是貝爾實驗室的老同事。Leo 有向他提起過，當年我和 Leo 爭論有關氮化矽「導

電原理」的事，施敏博士也還記得這個故事。在車上，我們從英特爾、Leo，我們的兩篇論文聊起。他問我現在哪一個說法才是對的？我說，據說是 hole flow，不過我已覺得無所謂了。施先生卻很認真地說，那就是經過 Valence Band 導電的，你講的應該是 hole flow dominates。我說我論文上就是這樣寫的。他那時已過了八十一歲，觀念、思緒還是這麼清楚，世界級的大師，著實難得，令人欽敬不已。

我們一路從薩支唐、迪特・施羅德談到英特爾的安迪・葛洛夫、高登・摩爾（Gordon Moore，摩爾定律的創建人），他說半導體業界他最佩服高登・摩爾。我說 TI（德州儀器）的傑克・基爾比在 DRAM 的貢獻獲得諾貝爾獎，你在 Floating Gate、Non-volatile Memory（非揮發性記憶體）、Flash Memory（快閃或閃存記憶體）上的貢獻也應該有獲得諾貝爾獎的機會。我們大概聊得太高興了，車上的服務員請我們說話小聲點，不要吵到其他乘客。

施先生問我，你知不知道 IEEE Fellow Member 上面還有一個 Member？我說 Senior Fellow？他說叫「Celebrated Member」。2017 IEEE Celebrated Member 剛剛公布，是頒發給高登・摩爾和他本人，他說 IEEE Celebrated Member 就像是半導體界的諾貝爾獎。我趕緊說恭喜，隨即用手機上網查看一下，果然 2017 年的獎項正是頒發給他們二位。而且多

年來獲頒的人，到現在還是個位數字，其中有兩個人已經得過諾貝爾物理獎。施博士著作等身，他說自己出了三十八本書，其中有七本是著作，還有一些是編纂的，一些則是插花、寫幾篇文章加入的。同時他說自己寫一本書得要花幾千個工作小時，編一本書要幾百個小時，寫一篇文章約幾十個小時就行了。跟施博士聊得太愉快了，覺得怎麼車子這麼快就到了臺北站。

6-4

阿拉斯加的驚豔

　　大一的國文老師是沈亮教授，有一次快下課的時候，他有感而發地說：「我名字叫亮，應該發光發亮，如『明珠出海』。無奈姓沈，亮像是沉到水裡，發不出光來。」他這一說不打緊，下課後我們都開始替一位同班同學擔憂了，因為他名字叫沈舟。還好沈兄的一生際遇發展非常出眾，如大船出海，遨遊於太平洋之上。

　　當年我們物理系的男生，有很多同學喜歡找中文系的女生。大二時，沈舟和我分別認識了低一屆中文系的兩位同學，她們同班，也同是高雄女中校友。可是直到大學畢業，我們都沒有結果。沈舟接著去服兵役兩年，他追的同學黃小姐畢業後回到高雄當老師。不死心的沈兄，幾乎每個週末都會搭乘火車去高雄找她，但是每次都吃了閉門羹。沈舟沒辦法，每次去都買束花放在她家門口就離開了。臺北到高雄，以當年火車的速度，所花的時間及精神很是驚人。如此大約經過

了一年吧，有一天，他又將花放在門口準備離開的時候，門打開了。聽說，黃小姐說：「你這樣死纏不放，還有誰敢追我？」黃小姐後來就成為嫂子了。看起來，「精誠所至，金石為開」是有道理的。

之後，沈兄夫婦移民到阿拉斯加的惠蒂爾（Whittier）定居。附近的惠蒂爾冰川是1915年根據美國詩人約翰‧惠蒂埃的名字所命名，該小鎮也因此得名。如今成了愈來愈受歡迎的遊輪停靠港，每年夏季都有非常多的郵輪遊客到訪惠蒂爾市。有位大學同班同學曾經去惠蒂爾受沈舟招待，說沈舟在當地落地生根，而且混得不錯，值得去一遊。

2003年夏天，SARS的狀況趨於穩定後，考慮8月底學校開學前，全家去阿拉斯加旅行。我找到了沈兄家的電話，撥通後，對方用英語說，這裡是「fire department」（消防隊）。我趕快說：「抱歉，打錯了。」對方卻說：「沒錯，你找Joe（舟）？等一下。」這才知道，惠蒂爾市的消防隊就在他家。於是，我們全家便安排了從舊金山搭飛機到阿拉斯加首府安克拉治。

因為阿拉斯加華人比較少，出發前一天，我們特地買了兩個清真馬家館的蔥花大餅帶過去。沈舟夫婦到機場接我們到惠蒂爾他家中，寒暄聊天中，我說，晚上一起出去吃飯，然後我們一家四口去住旅館比較方便。沈兄說：「這裡只有

一家旅館、一家餐廳，都是我們開的。」後來才知道，全市的消費、服務場所，包括旅館、餐廳、咖啡廳、酒吧、洗衣店、公寓、消防隊等等，連當地的銀行，都是他們開的。當地的人請他當市長，他一直不願意，但是實際上他已經是了。

第二天學妹親自準備了豐富的早餐，還加上當地的海產及阿拉斯加長腳蟹。我說蔥花大餅也可以拿出來大家吃，學妹說這邊買不到，物以稀為貴，他們留著以後吃。早餐後需要到安克拉治機場提行李，因為臨時買到的機票要轉飛機，過程中我們的行李沒跟上。出惠蒂爾市到安克拉治，汽車需要先搭上火車，過山洞出城之後，到下一站再下火車，然後再開上高速公路。我們人多，七手八腳，趕到火車站，兩部車遠遠地看著火車開走了。惠蒂爾市地方小，很久才一班火車，我有點著急地說，怎麼辦？沈舟說：「沒關係，我把火車叫回來就是了。」我心想，別開玩笑了，從來沒聽說過火車可以叫回來的。他隨即用那偌大的「黑金剛」手機撥了通電話。不一會兒，火車真的倒了回來，讓我們兩部車上了火車，然後重新出發。這時才知道我們同學已經當上「山大王」了，火車竟然可以為他倒回來。

回來惠蒂爾之後，傍晚沒有安排活動，在家閒話家常。學妹嫂子心血來潮起鬨，問我要不要跟她的同班同學閨密，當年健步如飛時還追不上的女生通個電話。大學畢業之後，

便與她完全失聯，聽說她嫁給一個學長，已經是兩個孩子的媽了。我大方地說當然好啊，電話接通了，聊了些近況。兩邊都成家立業，各有兩個小孩了。電話中知道了她大兒子剛剛進入加州理工學院電機系博士班，該校是全世界諾貝爾獎教授最多的學校之一。她問我應該往哪個領域發展比較好，同時也讓我跟她兒子聊了好一會兒。掛了電話後，怎麼覺得這一切就像在夢中一樣，世事的變化真是難以捉摸啊！

第三天早餐後開車去看惠蒂爾冰川，沈舟說當初冰川就在他家附近，這二十年來，冰川已經往後倒退了約一百五十英里（約二百四十公里），而且每年都不斷地快速往後退。全球溫室效應下，長期住在阿拉斯加，沈兄已然親身見證了它的恐怖。到現場之後，看著壯闊的冰山，緩緩地往前推進。我們搭乘汽艇遊湖，偶爾可以看到巨大的冰牆轟隆隆地掉到湖裡，煞是好看。

然而，人類歷史應該有幾萬年了，冰川一直都活得好好的，為什麼空氣的汙染，才不到百年的時間，我們就已經弄得「冰川快不在了」呢？擔心的是，再幾十年之後，如果格陵蘭和南北極的冰原全部融化了，海平面會上升超過六十五公尺。到那個時候，滄海浩瀚，原來許多的高山可能變成大、小島，小山變島礁，近海平原變成海底公園。期望大家節能減碳，降低空氣汙染，救救冰川、救救子孫們的家園吧！也

祈禱不要再有核子戰爭，因為大規模核戰，死亡的人數極為可怕，而且會大幅破壞環境及氣候，即使活下來的人，日子也會極為難過。

沈兄夫婦有很多私房景點，先到有人工整理過的溝圳，看那鯉魚躍龍門式的鮭魚、鱒魚逆流上游。感覺魚兒似乎比人們來得「上進」，牠們只往前衝，即使遇到極高的障礙，仍然拚命逆水而上，永不回頭。著名的「鮭魚返鄉」之路；從前只在電視上看過，灰熊伸手就抓到鮭魚吃；我們徒手也抓得到。沈兄帶我們到一個離出海口不太遠的溪流，脫了鞋襪，挽起褲管，跟著鮭魚群往上游走。鮭魚多到真是「唾手可得」，伸手還真抓得到，讓幾位青少年孩子都玩得興奮不已。看到長途跋涉的鮭魚，不但變成暗紅褐色，而且表皮層剝落得不忍卒睹。有些還沒到最上游，已然壽終正寢，翻肚浮在水面了。大自然的奇妙，親臨到現場，感受很不一樣。離開溪流，我們兩家帶著四、五個小孩，輕快地走著山路小徑，看著阿拉斯加特有的各種植物花草，呼吸著清新涼爽的空氣，頓時有「時人不識余心樂，將謂偷閒學少年」的舒暢。

第四天是水上活動，上午先在海邊戲水及 kayaking，划愛斯基摩人式的獨木舟。「獨木舟」其實分成 canoe 和 kayak 兩種。canoe 是印地安人那種艇面呈開放式，kayak 則是愛斯基摩人那種封閉式艇面的輕艇。因為海水很冷，得穿

著有保暖作用的泳裝。而且在海上，洋流、風向都跟想像的不一樣，划槳及控制方向上非常耗體力。還好都有穿救生衣，安全性沒有問題。這次 kayaking 的經驗把我累壞了，以後還是讓年輕人去划就好。

下午，沈舟帶我們搭乘當地的豪華遊輪出海。幾十桌的遊客，我們被安排在船頭視野最好的第一桌和船長同桌。正有點奇怪哪來這麼大的面子，由船長親自接待？這時才知道沈兄是這遊輪公司的大股東，船長的老闆。夏天的阿拉斯加白天時間很長，可以在外面玩到九點、十點，天還不黑。

本來以為外地人到阿拉斯加的惠蒂爾工作會像是「蘇武牧羊」，沒想到沈兄平易近人、凡事不計較的性格，加上他那追女朋友的堅持耐磨功夫，在那裡落地生根了。不但與當地人融成一體，還熱心公益不落人後。服務大眾任勞任怨，贏得了當地居民及四方客人的讚賞及信任，自然而然地，把他當成全市的大家長了。這是何等難得，令人欽敬，是一個外地人落地生根的成功案例。

士別三日，刮目相看。和沈兄分開二十多年之後再度相見，他有如此傲人的成績，而其表現在外的，卻仍然如此低調而且平易近人，真是難得。在沈兄身上似乎看到了「寵辱不驚」的修養功夫。這次阿拉斯加之旅，自然景觀及人文風情的沐浴，真是超值。一連串的驚奇，令人難以忘懷啊！

6-5

關心與開心

　　2021年5月中旬開始，新冠疫情在臺灣進入了三級警戒。超過兩個半月的時間，服務業之中，按日、按件計酬的工作人員，頓時有許多人沒了收入。要養家餬口的人更是情何以堪，而我們多半是「飽漢不知餓漢飢」，沒有什麼感覺。但是，當聽到他們要的只是一個填飽肚子的便當，發愁的是下個月要繳納的房租，我沉默了。當看到貧苦的工人，在工地旁，自己蹲在地上，拿下口罩吃便當時，卻被人告發，警察到場還罰款一萬五千元，我無言了。有頭髮誰願意當禿子？能在冷氣房吃大餐，誰願意大熱天蹲在路邊地上吃便當？可憐的老實人被無情罰款，一下子，好多天的工資沒有了。看到這一幕，我心裡難過極了。人心怎麼會背離了人性這麼遠？後來大家認為如此的做法是不對的，當局才撤銷了罰款。「見微知著」，矯情的不是這些小老百姓，而是那些「欺壓貧賤，吹捧富貴，倒行逆施」之人。

　　疫情降為二級的第一個週末，雖然生意大不如前，但是服務業小老闆及員工們能夠開始工作，已經很開心了。看到這情形，內心也替他們感到開心，不自覺地自己也「開心」了起來。我們為什麼也會開心呢？因為我們「關心」、「在意」那些被疫情折磨得更加辛苦，不工作就沒收入的直接工作人員。那個週末，我忽然注意到「開心」和「關心」有著關聯性。對於自己的心，似乎在那「關心」與「開心」的時候，比較有感覺。關心，在意的主要對象，應該是有困難，確實需要幫助的人，尤其是弱勢者，更需要去關心、幫助他們。而不是只關心自己的利益，或是攀龍附鳳，只關心有錢有勢的人。世人錦上添花者眾，雪中送炭者少。「有錢道真語，無錢語不真，不信但看筵中酒，杯杯先勸有錢人。」呂蒙正在〈破窯賦〉結尾說：「蓋人生在世，富貴不可捧，貧賤不可欺。此乃天地循環，周而復始者也。」其來有自啊！

　　對於別人的關心，或許要注意到「框裡框外」的圓融。現實生活中，人外有人，天外有天。能夠進入哈佛、史丹佛大學的學生豈是等閒之輩。然而即使是曾幾何時的佼佼者，也會有遇到挫折失敗，也會有需要「心理建設」，需要幫助的時候。「時來風送滕王閣，運去雷轟薦福碑。」「常將有日思無日，莫把無時當有時。」不要鑽入死胡同裡出不來。

　　然而，對於自己的要求，正向健康的心態極其重要。「老

241

當益壯，寧移白首之心；窮且益堅，不墜青雲之志。」反過來，對於自己的「榮辱得失」，以及別人對於自己的「憎、愛」，就別在意，又何必去關心呢？惠能大師說：「憎愛不關心，長伸兩腳臥。」別人對於我們的「愛、憎」關我們什麼事？關我們的「心」什麼事？就別放在心上，別關心了。如果在意這些閒事，還不如去睡個大頭覺，來得舒服自在些。

開心，打開心量，「廣修供養、隨喜功德」。「供養、隨喜」並不在乎「施錢」，而在於「用心」。不是說「助人為快樂之本」嗎？「開心」、「供養」、「隨喜」，就會快樂啊！身在公門好「修行」，因為一個好的政策，受惠者會是以萬人、百萬、千萬人來計算。因此「積功累德」就非常地快速。有緣的話可以看看《了凡四訓》書中袁了凡親身的印證。反過來說，身在公門也好「造業」，「積惡累過」也同樣地快速。「無冕王」的廣播電視新聞媒體，積功、積惡，可能比身在公門者還要快速，影響層面也可能更加廣大。「風俗之厚薄兮，繫乎一二人心之振靡。」電視新聞媒體人專業忠誠的報導，可以扮演移風易俗關鍵角色。《易經》的經典名言「積善之家，必有餘慶；積不善之家，必有餘殃」造福後代子孫，成就祥和安樂的社會，身在公門者及新聞、網路、大眾傳播業者，面對百姓的生活福祉，豈可不更加謹慎乎？

什麼是「開心」？「開心明目，啟發智慧」

漢朝王充說：「觀覽採擇，得以開心通意，曉解覺悟。」北齊顏之推說：「讀書學問，本欲開心明目。」所以「開心」是「開心明目，開心通意；開通思想，啟發智慧」。「佛法在世間，不離世間覺。離世覓菩提，恰如求兔角。」離開「生活」，哪裡還有「智慧」可言？所以，宇宙人生的「智慧」完全是在那吃飯、穿衣、行住坐臥、言語造作、待人處世的生活中。

我們平常用的心，都是用「意識心」，也就是第六識的「分別心」和第七識的「執著心」。如果能夠放下「分別、執著」的意識心，便可以「心開意解」而「開心」地得到心境的舒坦。這也正是《中庸》所述「中道、和道」之真諦。曾國藩說：「富家子弟多驕，貴家子弟多傲。」平常的一句話，「值得驕傲」害得多少富貴子弟「開不了心」，也害得多少普羅大眾「不開心」。

關心才能開心

貧苦出身的當代河南知名作家劉震云，將白居易所寫〈賣炭翁〉之中的兩句挑出來，「可憐身上衣正單，心憂炭賤願天寒。」說明這兩句已然是哲學境界。想想看，如果賣炭翁是你的至親，他穿著不保暖的衣服，挑著木炭送給買家，而

心裡卻擔心著，如果天氣不夠冷而買炭的人少了，炭價就要跌了。因而希望天氣再冷些，能有更多的客人來買木炭。此情此景，能不五味雜陳？小老百姓生活的苦，他們求生存的心思，或許只有苦過來的，靈敏度高的「讀書人」，比較能表達箇中體會吧。

開心，開誰的心？如果不認識「自己」，不認識「自己的心」，如何開心？多讀書，多學問；是為了「開心明目、開心通意」；是為了明白「宇宙人生」的道理，通達「心、意、識」的真實相。所以，「開心」重要啊。我們的「心」，有存在的感覺，或許就是在那「關關、開開」的時候吧。惠能大師說：「即心名慧，即佛乃定；定慧等持，意中清淨。」也就是《楞嚴經・念佛圓通章》說的：「若眾生心憶佛念佛，現前當來必定見佛。去佛不遠，不假方便，自得心開。」究竟如何才能「開心」呢？意中清淨，自得心開。

「枯藤老樹昏鴉，小橋流水平沙，古道西風瘦馬，夕陽西下，斷腸人在天涯。」重點在於「人」。「一片兩片三四片，五片六片七八片，九片十片十一片，落入草叢都不見。」重點在於能見的「心」。如果沒有了人，沒有了心，其他的句子豈不都成了廢話。

風聲、雨聲、讀書聲、聲聲入耳，讀書人快樂啊。

家事、國事、天下事、事事關心，關心者開心呀。

從「幼稚」看到漢字的智慧

　　兩歲時，我家從北部桃園中壢搬到臺東縣的新港鄉（後來改名成功）。四歲進入三民國校幼稚園小班，開始了啟蒙教育。不久，父親調職到臺東鎮，我也半路插班進了東師附小幼稚園小班。六十多年前的插班考試，有些題目到現在還依稀記得：連連看、比比看，各種大小、形狀識別等等。因為在新港幼稚園老師教得好，我插班考上了，順利進入東師附小幼稚班。

　　近來提到幼稚園，朋友們都糾正我，說叫「幼兒園」，不然有歧視之嫌。我的習慣改不過來，便上網查看什麼時候改的，並看看「稚」的意思。「稚」是準禾，幼禾，準備長大之後成禾，是「不成熟」的意思。四、五歲的小孩，當然是幼禾，當然不成熟，所以這「學前」教育環境，用「幼稚園」應該是恰當的。而且我們不可以「揠苗助長」，以免幼禾失根而枯萎。然而，長大之後，成年了，人格成長，就不該再「幼

稚」而不成熟了。幼小稚嫩的兒女們怎麼會在乎上「幼稚園」呢？改為「幼兒園」，或許是因為我們成年人送小孩上學時，害怕聽到「幼稚」兩字吧。

依照許多古籍之記載，古代聖賢依照六書、六種造字的理論與方法，象形、指事、會意、形聲、轉注、假借。大量造字，應該是在姚、舜，夏商周三代之前，是遠在老子、孔子、諸子百家之前千年以上。古聖賢造字根基之深厚，智慧之高超，有可能是在春秋戰國諸子百家聖賢之上。比如說，「智慧」兩字的本身，就已然反映了老子的「為學日益、為道日損」之深意。（慧是心上一把掃帚，將心上雜念掃乾淨。）這些造字聖者，遠在老子、孔子之前，而且功行、智慧很可能不亞於老子、孔子兩位聖人，豈是等閒之輩！

禾是象形文字，我們且來看看，他們所造與禾相關字的「物理」意義。

禾成熟了，火候到了，秋天也到了。

禾乾旱，就成稈了。

禾重的，留到明年當種子。

禾少了，一下子就吃完了，秒殺。

禾多了，得搬到別處，移開了。

禾，該繳給政府的，叫稅。

禾，大家都有口飯吃，就和了。

禾加酒，做出來柔軟酥脆、入口即化的美食，叫酥（會意字）。臺灣有名的鳳梨酥、蛋黃酥、桃核酥等等，都深受大家的喜愛。三國曹操與楊修著名「一合酥」，「一人一口酥」的故事，說明「酥」受到歡迎，應該有兩千年以上的歷史了。

「厶」也是個象形文字，像是兩隻手把東西往自己身上攬；私，把禾，只往自己身上攬，就是私。而「公」這個字，像是八方的人，大家分著往自己身上攬。四面八方，許多人來分，那麼就公了。「厶」心，人皆有之，但是千萬記得心中也要有「八」這個字，不然就會是不公不義了。一旦自私自利造罪業，將來的業報麻煩可就大了。

《弟子規》開宗明義的啟示

人的一生在追求什麼？我們在學校選科系的時候通常就會考慮到畢業後好不好找事、薪水高不高；出了校門之後，一路求名求利，全世界奔波，樂此不疲。管子說：「倉廩實而知禮節，衣食足而知榮辱」。人不是只為了能夠填飽肚子、能夠傳宗接代就滿足了，還要顧著面子、樣子，「知禮節，知榮辱」。所以，「求名求利」是人情之常，無可厚非。怕的是，求名求利過程中，迷失了自己而變得自私自利、貪得無厭，而無惡不作。如果放不下「名、利」，可以試著把心量放大。古人求名求利最大的心量是「求名當求萬世名，計利當計天下利」。何其壯哉！我們看到當代有不少大實業家，當初創業時，很多並不是為了個人名利，而是有很強烈的使命感，或是為了實踐其理想而創業。「求名求利」的最高境界，是宏碁創辦人施振榮先生講的：「我不求名、不求利，

但是堅持做對的事情；而且我知道，只要堅持做對的事情，名、利會跟著來。」如果不求名利，那麼人一生當中該做什麼，才算是做對的事情呢？這是大哉問！這個問題看起來很簡單，只感覺似乎知道，又好像知道得不真切，心中也說不出個所以然來。

一般來說，很少有人一大清早起來做壞事的。天剛亮，剛起床時候的心境是平靜清明的。清晨的時間，經過了一夜的沉澱，雜訊少些、念頭正些，而有所謂的「平明之氣」。在 2012 年，有一個週末的清晨，獨自在河堤步道上，走了好遠的一段路散步。就在當時忽然把這個大哉問，跟儒家最初級的啟蒙教材《弟子規》連上了線。想著、想著，感覺愈來愈清楚、愈來愈真切。人生的意義究竟是什麼？哪些才是我們這一生重要的方向及課題？《弟子規》是儒家最基礎的教材，集歷代聖賢的智慧，用簡單的文字語意來進行啟蒙教學。書中開宗明義便說：「**弟子規，聖人訓；首孝悌，次謹信；汎愛眾，而親仁；有餘力，則學文。**」我們將之分成三個層次來看：這第一層是「首孝悌，次謹信」；第二層是「汎愛眾，而親仁」；第三層是「有餘力，則學文。」如果將之引申、展開，或許可以成為我們人生大方向規畫的三個層次：

1. 做必須做的事（首孝悌，次謹信）

《孝經》上說：「身體髮膚，受之父母，不敢毀傷，孝之始也；立身行道，揚名於後世，以顯父母，孝之終也。」身體髮膚，不敢毀傷，是怕傷了父母的心。別人的身體髮膚，又何嘗不是受之父母？豈敢無緣無故加以毀傷而傷了別人父母的心。立身行道，揚名於後世，以顯父母，是為了「長父母之志，養父母之德，增父母之福慧。」孔子說：「夫孝，德之本也，教之所由生也。」百善孝為先，孝字是何等重要啊！我們生命中必須做的是，報恩、負責；「報生育、養育、教育之恩」，「負生育、養育、教育之責」。「人生酬業」，其白話文的意思就是「前世相欠，今生相見」，所以應該回報的恩德、應該擔負起的責任、該做的事，就應該盡心、盡力、盡快地、高高興興地去做。

2. 做利益大眾的事（汎愛眾，而親仁）

人生在世，做人做事，做人忠厚老實，做事認真負責。少欲知足，知足則常樂。盡心盡力、認真負責地把事情做好，本身就是快樂之事。取人之長、去己之短，學而時習之，不亦說乎？自然有愉悅舒服的感覺。同時「助人為快樂之本」，能認真、努力地做利人利己、利益眾生的事，幫助眾生而受人尊敬，自己也有成就感，是真快樂。當一個人「自我」變

小的時候，就比較不會自私自利，而願意做利益大眾之事。孔子說：「有周公之才之美，使驕且吝，其餘不足觀也已。」一個即使有像周公一樣的才能德行，如果他驕傲而不懂得感恩，吝嗇而不懂得分享，其餘的一切都不用看了！至理名言，其如是乎。

3. 明瞭宇宙人生真相（有餘力，則學文）

自古「文以載道」，「天命之謂性，率性之謂道」，所以文章是教人如何「取法自然」的學問。學文、讀書為了什麼？為了「明白道理」，明白做人處世的道理，明白宇宙、人生的道理。我們生活的宇宙、空間、時間、物質環境、人事環境為何如此複雜？為什麼有人天生富貴而且福壽雙全，有人辛勤終生仍然貧困交迫？我們自己的身、心又是怎麼回事？我們來到這個世界上，生、老、病、死，四苦、八苦，所有的人都跑不掉！到底這一生、一死之間、之前、之後，是怎麼回事？或許可以在古文、物理及佛法中找尋到一些答案。古文中的四書、五經、《老子》、《莊子》、諸子百家，都深入宇宙人生，透澈入理，令人激賞感動。

近代物理學是在探討宇宙空間、時間及物質的各種現象及真相。對宇宙奧祕「真相」有極深入的研究，其成果更是令人驚豔！「佛法」講的色法及心法，就是在說明「宇宙人

生真相」。我們曾多次大範圍地對照近代物理學的觀念，與古代儒、道、佛各家經典上的記載與討論，發現它們的說法及結論有非常多共通之處，而且極為相容。如果能夠透過「近代物理學」及「古老的儒、道、佛經論」，來幫助我們清楚明瞭「宇宙人生」的真相，那應該是非常快樂的一件事。

6-8

關帝與伽藍菩薩

2008年元宵節後的假日，與家人一同到臺北行天宮去參拜。一進入行天宮內，便看到擠滿整個大廳的信眾們，正在虔誠恭敬地誦經、默禱、祭拜。我們在服務人員的指引下，放了供品、點了香、行禮如儀之後便往前面走，來瞻仰關公的聖像。注視著聖像時，心中產生了一個疑問：「關公在世時原本是一名武將，他何德何能，而能被尊為關聖帝君？又為何在佛門中被尊為伽藍聖眾菩薩，而且也在道教及民間宗教界，千百年來享受著如此的尊榮，而且還香火鼎盛呢？」

關羽，字雲長，是魏蜀吳三國時代的人。關羽出身農民工，當過護院，在亂世之中，殺過人當過逃犯。但是「萬丈高樓平地起，英雄不怕出身低」。桃園三結義，劉、關、張結下生死之交，之後在袁紹十五路兵馬面前溫酒斬華雄，初次嶄露頭角。接著再替曹操誅殺袁紹大將顏良、文醜，開始揚名立萬。曹操愛才，對於關羽可說禮遇備至，但是無論如

何都動不了關羽對於劉備的忠義之情。因而對其之讚嘆可以說到了極處；「財富不能動其心，爵祿不能改其志，生死不能阻其行，對於這樣的人，別說我曹操了，天奈其何？」這樣的德行情操，也確實「宜供享乎太廟，垂萬世以長榮」。後來過五關斬六將，樹立了英勇神武、偉大戰將的歷史地位。

　　他武藝超群、驍勇善戰，而且戰功彪炳。然而這些戰績雖然建功立業，但一生中卻是殺人無數，砍掉了不少人的腦袋，自己也不得善終。如此，在佛門來說，非但毫無功德、福德，反而是造了無邊罪業。如果依六道輪迴的因果報應，應該是三惡道有份才對。那麼關羽是何德何能，為什麼在民間宗教中晉升到帝王之位，在佛門也成為在家眾的護法神、迦藍聖眾菩薩呢？

　　《三國演義》將他待人處世表現的義薄雲天、忠肝義膽，描繪得淋漓盡致。中國後來的多位皇帝為了表彰關羽的忠義，同時要大家學習他的風範，尊他為武聖。經過了多位帝王及宗教界的宣揚及推崇，在陰間將關羽再提升至了帝王的地位。他的忠義形象為世人景仰，應該是名實相符、當之無愧的。也正因為這種「忠義之氣」而被許多商家奉為「武財神」（文財神是陶朱公范蠡）。但是，他是有什麼樣的智慧德能與貢獻，在佛門中能被尊為伽藍聖眾菩薩（「伽藍」是寺院道場的通稱）？成為所有在家居士的護法神？如此崇高重要的地

位是如何得到的？

　　相傳隋代天台宗的創始者智者大師，有一次在荊州的玉泉山入定，於定中聽見空中傳來「還我頭來！還我頭來！」的慘叫聲。原來是關羽最後兵敗時，他的頭被呂蒙砍下，其心憤恨不平，在陰間到處尋找自己的頭。智者大師反問他：「你過去砍了無數人的頭，今日怎麼不去還別人的頭？」同時為其解說佛法道理。關羽當下心生慚愧，而向大師求授「三皈五戒」，成為正式的佛弟子，並且誓願成為佛教的護法。懺悔、改過的力量不可思議，浪子回頭金不換。武聖悔過、回頭，果然也是雷霆萬鈞、不同凡響！從此以後，這位千餘年來忠義形象極受國人敬重的英雄，修行地位快速提升，後來與韋馱菩薩（出家眾護法）並稱佛教寺院的兩大護法。

　　上面的解釋雖說甚為合理，但是自己內心還是覺得不踏實。面對關公，幾十年來，隨著大家的尊敬，順著世俗的稱呼，從來沒有懷疑過。而今天看著行天宮關公的聖像，心中卻還是產生了疑問。想追根究柢，他什麼地方有這麼大的功德，受如此的崇拜呢？正在思索著時，驀然回頭看到正在誦經、膜拜、合十祈禱的大眾，個個顯示在臉上的是那麼專注的虔敬與莊嚴。看到這一幕，忽然間想通了。啊！原來如此。

　　佛法是什麼？智者大師說：「諸惡莫作，眾善奉行，自淨其意，是諸佛教。」這幾句話，可能三歲小孩都能聽懂，

但是八十老翁都很難做到。關公忠義的德行與形象，贏得眾人的尊敬。因為他誠信、正直而且講義氣，所以在各行各業，很多人供奉他為守護神。他忠肝義膽、正直誠信的「智慧德相」得到眾生真誠的恭敬。由於大眾對他德行的景仰與敬重，藉著他的精神及形象，虔誠地、專注地、莊嚴地，合十祈禱、膜拜。就在那當下，就在那一時，許許多多的人也就做到了「諸惡莫作、眾善奉行、自淨其意」。眾生依靠著他的「智慧德相」而行佛道，那就是在行菩薩道，那是何等的功德啊！關雲長被世人尊崇為「武聖關公」，而且身後能在六道俗世中達到「關聖帝君」，又同時在佛門中被尊為「伽藍聖眾菩薩」，從上述功德來看，應該是其來有自，令人欽敬。

世人哪個不犯錯？哪個不造業？《地藏經》有謂「眾生起心動念，無不是罪」。重要的是要有正確的觀念，知道錯了，能夠回頭悔改，正是「回頭是岸」。「道」不在形式，不在表相，不在語言文字；不分儒、釋、道、耶、回；不論人、事、時、地、物；而在其真實意義，在其對眾生生活上的真實受用。只要眾生需要、契合大家的根基、時機，對之有正面幫助益處，皆是善法。印光大師說：「藥無貴賤，愈病者良。法無優劣，契機則妙。」教育、方法若能契合眾生的根基，能聽得懂、有受用；能契合眾生的時機，正好需要，機緣也對了，那麼便是「妙方良藥」。

6-9

大事因緣

佛菩薩是為了什麼事，出現在這個世間？佛講經說法又是為了什麼？《佛說無常經》上說明：

爾時，佛告諸苾芻（比丘）：有三種法，於諸世間是不可愛、是不光澤、是不可念、是不稱意。何者為三？謂老、病、死。汝諸苾芻！此老、病、死於諸世間實不可愛、實不光澤、實不可念、實不稱意。若老、病、死世間無者，如來應正等覺不出於世，為諸眾生說所證法及調伏事。是故應知，此老、病、死於諸世間是不可愛、是不光澤、是不可念、是不稱意。由此三事，如來應正等覺出現於世，為諸眾生說所證法及調伏事。

《法華經》云：

> 諸佛世尊唯以一大事因緣故、出現於世。舍利弗，云何名諸佛世尊唯以一大事因緣故、出現於世。諸佛世尊欲令眾生開佛知見、使得清淨故，出現於世。欲示眾生、佛之知見故，出現於世。欲令眾生悟佛知見故，出現於世。欲令眾生入佛知見道故，出現於世。舍利弗，是為諸佛以一大事因緣故、出現於世。

佛陀一生演講在說什麼？——開場、主題、壓軸

一場精彩的演講或演唱會，最重要的，或是最吸引人的部分，常常會放在最前面「開場」，或是放在最後面「壓軸」。中間起承轉合，當然需要有其「主題」、主軸之重頭戲。有高潮迭起，才能夠使觀眾一路聚精會神，一起進入境界之中。

《華嚴經》像是釋迦牟尼佛的博士論文，以此經「開場」。《法華經》不問根性，只講唯一佛乘，授記所有眾生都能成佛，以此經「壓軸」。佛法全都是在修行「戒定慧」三學，目標是慧。所以佛陀一生演講的「主題」是「智慧」，梵文叫「般若」。佛陀四十九年講經說法，其中有二十二年，將近半生都在講「般若智慧經典」。

佛法在講什麼？以「佛門深似海」可能都難以形容佛法

的浩瀚無邊、深奧廣大程度。三藏十二部,《大藏經》分量之大,幾乎無所不包。眾生無數無量,各個問題不同,根器懸殊,所以藥方無量,法門無盡。佛陀對初基先講事相、現象;對已經有基礎的人講現象與真實情況的連結;對已經入了門的人說究竟般若智慧。從一開始的《華嚴經》上告訴我們,每一個人都有佛性,都可以成佛;到最後講的《法華經》,就是要告訴大家,佛所知道的道理,讓每個人都悟入此真相,都能成佛,而恢復自性的覺悟。釋迦牟尼佛一生所做的事,主要是講經說法的「教學」,利益眾生的「教育」,及使眾生離苦得樂的「教化」。

釋尊一生講經說法約四十九年,其所說之法,就時間的先後分出:華嚴時、阿含時(十二年)、方等時(八年)、般若時(二十二年)、法華(七年)涅槃時等五個時期。

1. **華嚴時:**成道後用了三星期的時間說《大方廣佛華嚴經》,是為大乘菩薩說的。

2. **阿含時:**這時,佛因為發現了小根性的人不能接受大乘法,於是在接下來的十二年中,說小乘《阿含經》講四聖諦,十二因緣等教理,度化聲聞、緣覺的二乘人。

3. **方等時:**接著八年,為小乘人入大乘法、為大乘初機菩薩講《楞嚴經》、《維摩詰經》等,講藏、通、別、圓諸教道理,大小乘,利、鈍根通行的軌道,故稱方等時,為大

乘時期。

4. 般若時：其後二十二年，佛講《大般若經》、《金剛經》、《心經》等，承前啟後。《金剛經》是《大般若經》智慧的精華，而其總結在《心經》。佛法的主題是般若智慧，而般若智慧總結在《心經》，也就是說，懂了《心經》，就能夠明白整部佛法所說的「宇宙人生真相」。《心經》只有 260 個漢字，言簡意賅，我們每個字都認得，然而，背後的物理、心理、道理、哲理之真實意義，究竟是什麼？武則天的〈開經偈〉寫得真好：「**無上甚深微妙法，百千萬劫難遭遇，我今見聞得受持，願解如來真實義。**」

5. 法華涅槃時：最後八年佛說《妙法蓮華經》、《涅槃經》、《佛遺教經》等，純講實法，不講權法，不問根性，只講唯一佛乘，可見這就是佛來世間的最終目的。

　　《華嚴經》是釋迦牟尼佛大澈大悟之後所講的第一部經，也被稱為「諸經之母、經中之王」，所有其他的佛教經典都是華嚴眷屬，都是從這部經衍生出來的。《華嚴經》開宗明義便把眾生最根本的大問題，簡單明瞭、清楚地顯示出來：

　　無一眾生，而不具有如來智慧。但以妄想、顛倒、執著，而不證得。若離妄想，一切智，自然智，無礙智，則得現前。爾時如來。以無障礙，清淨智眼，普觀法界一切

眾生，而作是言：奇哉奇哉。此諸眾生。云何具有如來智慧，愚癡迷惑不知不見。我當教以聖道令其永離妄想執著，自於身中，得見如來廣大智慧與佛無異。即教彼眾生。修習聖道。令離妄想。離妄想已。證得如來無量智慧。

妄想，便產生所知障，即是錯誤的知見。執著，便產生煩惱障，根本的三毒煩惱，即是貪嗔癡。而每一個人只要離開了妄想、顛倒、執著，便能成佛、成就如來無量智慧。每個人、每個眾生都有佛性，都是未來佛。佛是果位，就像是世間的學校學位，每個人都可以修得。釋迦牟尼佛講《華嚴經》，基本上像是講給博士班聽的高級近代物理，所以連小乘聖人阿羅漢都聽得如聾如盲。對於經中的奧妙深義，我們當然遠不及阿羅漢，但是藉著近代科學的「知識」，可以攀緣一些近代物理上的感覺，而這一點感覺已經讓我們吃驚不已了。

世尊教學為了能讓大部分的人聽得懂，於是從最基礎的道理開始介紹宇宙人生真相。先從《阿含部》、小乘法講了約十二年，像是介紹古典物理。然後開講通大小乘的《方等部》約八年，像是跨古典物理及近代物理的介紹。阿含、方等是小學、中學的基礎教育，是為了講解大乘及般若做準備。接著花了二十二年時間講大乘經典及《般若經》，如同大學

部介紹近代物理的精華，講解「諸法實相」，也就是宇宙人生的真相。最後講「成佛」的《法華經》及《涅槃經》七年，像研究所的專題演講，為大家授記將來一定會成功。成佛時間雖有遲速，大家遲早都可以畢業。意思就是說，佛陀之所以出現在這個世界上，就是要告訴大家，佛所知道的真相，使大家都能懂得、悟入佛所說的真相，如此而已。所以從《華嚴經》到《法華經》，從頭到尾，可以清楚地看出來，釋迦牟尼佛之所以到世間來，就是為了要使眾生瞭解宇宙人生的真相，要度眾生成佛。

重中之重的大事

在佛門中，要能夠「了生死、出三界六道」，才算有成就。但是學佛的人雖多，要有成就卻是障礙、困難重重。佛在各經典中反覆不斷地提醒我們人生問題癥結所在，及其解決方案。佛門教學有理論、有方法、有實驗、有案例。我們試著選取佛門常說到的幾個「第一重要」的部分，做個簡單介紹。

◎第一大事：「生死」。

生死事大，無常迅速。世間每一個人，不論是誰都逃不過這生死的大事。當人們面對即將死亡或是遇到生死關頭，一切其他大事都會變得微不足道了。如果我們有緣分遇到「了脫生死」之道，豈可輕輕放過。禪宗五祖弘忍大師說：「世

人生死事大，汝等終日只求福田，不求出離生死苦海。自性若迷。福何可救。」轉識成智，明心見性，才是最終解脫之道。

◎第一毒的煩惱：貪。

三毒煩惱是「貪、嗔、癡」。貪心是造惡業的根源。貪心，是怎麼來的？誰貪？我貪。所以問題還是在「有我」。是因為「有我」，以自我為中心，有「自我」就自私，自私就自利。自我、自私、自利，就開始「對立」於別人、排斥異己。我執愈小，貪心會愈輕，就愈不會自私自利。貪心，是三毒煩惱之首，一旦不如己意，便產生嗔恨，由於嗔恨，便開始了愚癡的行為。

◎第一難克服的愛欲：色欲。

人都是由男女之事而生，色欲是生死的源頭。財、色、名、食、睡五欲，以色欲最障道。佛說，如果有第二種愛欲，像色欲一樣大的話，世界上就沒有人能夠修道了。《四十二章經》：「愛欲莫甚於色，色之為欲，其大無外，賴有一矣。若使二同，普天之人，無能為道者矣。」

◎第一錯誤的見解：「身見」。

以為身體是「我」！然而身體其實是「我所有的」，不是「我」。五種主要錯誤見解，即「身見、邊見、見取見、戒取見、邪見」。換個方式說，就是看錯了「我」；有對立看法、有偏頗看法；有只看到片斷時間、空間的「斷見」，

看錯了因、果關係；加上其他不正確的見解，其中第一個大誤解便是「身見」。

對與錯

寓言故事一：

　　甲、乙兩人爭論一個問題，雙方堅持不下。甲氣沖沖跑進房，對老和尚說：「師父！我認為這個道理應該如此，可是乙卻說我不對，您認為是我說得對，還是他說得對？」老和尚說：「你說得對！」甲很高興地出去了。過了幾分鐘，乙也跑進來，「師父！剛才甲和我辯論，他的見解根本是錯誤的，而我說的都是有根據的。您說是我對還是他對？」「你說得對！」乙聽完也歡天喜地跑出去。站在一旁的小沙彌大惑不解地問：「師父！不是甲對，就是乙對，您怎麼說他們兩人都說得對呢？」老和尚看了小沙彌一眼說：「你也對！」

註 寓言故事，講的是「現象」，我們應該看那背後的意義。有人會認為老和尚慈悲；有人會覺得老和尚鄉愿；也許有人認為老和尚懶得管閒事。佛家教學，「以手指月」，是要我們看月亮，不是看手指。講故事，是要我們看那背後的意思，聽那弦外之音。當我們以「自我」為中心的角度來看問題，每個人都以為自己是對的，其實大都看錯了。如果再多換些角度來看、拉長時間來看，事實真相，豈不自然呈現了嗎？

寓言故事二：

從前有一戶人家經常吵架，看到隔壁一家非常和樂，十分羨慕，便前往請教：「你們家好像每天都過得很快樂，從來不吵架，能否告訴我，有什麼祕訣？」對方回答：「因為我們家每個人都是壞人啊！」

問的人不明其含意，深覺受了侮辱，就悻悻然回去了。有一天，和樂的這家人被偷走了一輛腳踏車，他們全家人的談話，無意間被鄰人聽見了。「沒有將大門關好，是我的錯！」「不！我忘了上鎖，是我的錯！」「不對啦！是我把車子放在院子裡，全是我的錯！」聽到他們紛紛自認錯誤，鄰人恍然大悟，原來如此！

註 佛法是「心法」，一切法，都是由自己的心所產生。惠能大師說：「若見他人非，自非卻是左。」當看到的都是別人錯的時候，自己已經錯在另外一邊了，自己也就先錯了。

平常心？

我們生活中、工作中，經常會聽到，不要急，要用「平常心」。對於一切人事物，要平靜，泰然處之。但是什麼是「平常心」？如果現在看到一個小孩坐在井口邊玩耍，眼看一不小心就可能掉入井裡。這時候慢條斯理、平靜安詳、太空漫步地走過去，輕聲細語告訴小孩，這樣太危險了，趕快

下來呀。如此是平常心？還是一個箭步上去，把小孩抱下來，才是平常心？

註 「平常心是道」，順應自然法則，合乎天理人情，做對的事情，就是道，才是平常心。

　　世人誰不犯錯？誰不造業？阿羅漢的「宿命通」可以往回看五百世。阿羅漢看到過去五百世曾經墮過阿鼻地獄，阿鼻地獄那種情形，現在每當想起當時景象，身上都流血汗，還是心有餘悸，還有恐懼、害怕。阿羅漢過去五百世尚且墮過阿鼻地獄，更何況我們芸芸眾生呢？我們哪個不是地獄的常客？我們凡夫起心動念，無不犯錯、造業，無不是罪。然而我們對於造了極重罪業、該墮地獄的人，也絕對不可輕視、瞧不起，更不可以斷人「法身慧命」。「浪子回頭金不換」，重要的是延續眾生的法身慧命。一切眾生皆有佛性，地獄眾生也一定能夠成就「無上菩提」。

本來無一物？

　　《六祖壇經》記載，惠能初次見五祖說：「惠能啟和尚，弟子自心常生智慧，不離自性，即是福田。」如果換成我們去見大師，應該會說：「弟子心中常生煩惱，心神不寧，請師父為我安心。」不只我等，二祖慧可、三祖僧璨初見他們的師父，都是這麼說的。我們揣摩著，未來很可能會有個場景：「弟子問師父：『弟子心中常生煩惱，怎麼辦？』師父回答：『我也是，怎麼辦？』」末法時期，「哲人日已遠，典型在夙昔」，將來的「師父、大師」可能不在寺廟、僧院、道場、學校，而在經典之中。直接以佛陀教學、以古大德為師，回歸經典來找答案，不失為一上策。

　　五祖一日喚諸門人總來：「吾向汝說，世人生死事大，汝等終日只求福田，不求出離生死苦海，自性若迷，福何

可救？汝等各去自看智慧，取自本心般若之性，各作一偈，來呈吾看。若悟大意，付汝衣法，為第六代祖。」

神秀大師是當時五祖麾下的第一大弟子，他所做的偈子是：「身是菩提樹，心如明鏡臺，時時勤拂拭，勿使惹塵埃。」五祖看了之後對門人說：

經云：「凡所有相，皆是虛妄。但留此偈，與人誦持，依此偈修。免墮惡道，依此偈修，有大利益。」令門人炷香禮敬，盡誦此偈，即得見性，門人誦偈，皆歎善哉。五祖，三更喚秀入堂，問曰：「偈是汝作否？」秀言：「實是秀作，不敢妄求祖位，望和尚慈悲，看弟子有少智慧否？」祖曰：「汝作此偈，未見本性，只到門外，未入門內。如此見解，覓無上菩提，了不可得；無上菩提，須得言下識自本心，見自本性，不生不滅。於一切時中，念念自見，萬法無滯，一真一切真，萬境自如如。如如之心，即是其實，若如是見，即是無上菩提之自性也。汝且去，一兩日思惟，更作一偈，將來吾看；汝偈若入得門，付汝衣法。」神秀作禮而出。又經數日，作偈不成，心中恍惚，神思不安，猶如夢中，行坐不樂。

惠能知道此事後，因自己不太識字，所以請人幫他也寫了一首偈子：「菩提本無樹，明鏡亦非臺，本來無一物，何處惹塵埃。」經上說：

書此偈已，徒眾總驚，無不嗟訝，各相謂言：「奇哉！不得以貌取人，何得多時，使他肉身菩薩。」祖見眾人驚怪，恐人損害，遂將鞋擦了偈，曰：「亦未見性。」眾以為然。次日，祖潛至碓坊，見能腰石舂米，語曰：「求道之人，當如是乎？」乃問曰：「米熟也未？」惠能曰：「米熟久矣，猶欠篩在。」祖以杖擊碓三下而去。惠能即會祖意，三鼓入室；祖以袈裟遮圍，不令人見，為說金剛經。至「應無所住而生其心」，惠能言下大悟，一切萬法，不離自性。遂啟祖言：「何期自性，本自清淨；何期自性，本不生滅；何期自性，本自具足；何期自性，本無動搖；何期自性，能生萬法。」祖知悟本性，謂惠能曰：「不識本心，學法無益；若識自本心，見自本性，即名丈夫、天人師、佛。」三更受法，人盡不知，便傳頓教及衣缽。云：「汝為第六代祖，善自護念，廣度有情，流布將來，無令斷絕。」

神秀所做的偈子，因五祖說：「汝作此偈，未見本性」，所以幾乎沒人懷疑神秀當時未見性。但惠能所做的偈子，當時是否已「明心見性」，一直有不同看法。認為未見性說法：

惠能偈子落於「空邊」，而且五祖說「亦未見性」。同時，從「邏輯」上來說，五祖後來為惠能說《金剛經》至「應無所住而生其心」，惠能言下大悟。此時即是大澈大悟，明心見性。所以，之前應該未真正見性才是。認為已見性說法：或說五祖只是為了保護惠能，而方便說「亦未見性」。「祖見眾人驚怪，恐人損害，遂將鞋擦了偈，曰：『亦未見性。』眾以為然。」惠能偈子雖落「空邊」，但實是針對前一偈所作。惠能大師在後來教導弟子亦是用此方法。在《六祖壇經》最後六祖大師言：「此三十六對法若解用，即通貫一切經法，出入即離兩邊，自性動用，共人言語，外於相離相，內於空離空，若全著相，即長邪見，若全執空，即長無明。」

2006 年初為同事介紹佛法時，原本也持後者看法，數月後在準備給學佛社的演講時，認為這二首偈子對學佛的人來說已是老生常談，多次準備拿掉這段，但總覺得不連貫而有些可惜。便將此二偈排在一起以節省投影片的空間。當時因其緊緊排列在一起，當下覺得其一對一的意義特別清楚，進而把兩偈合併來看，其中所深含的禪宗精髓，就凸顯出來。

身是菩提樹（A1），心如明鏡臺（B1），
時時勤拂拭（C2），勿使惹塵埃（D2）。

菩提本無樹（A2），明鏡亦非臺（B2），
本來無一物（C1），何處惹塵埃（D1）。

這兩首偈合起來，配對來看，可以闡釋為：於相離相（A1，A2）、於念離念（B1，B2）、於空離空（C1，C2）、不取於相（D1）、如如不動（D2）。

如此一來，兩偈合而為一。神秀大師與惠能大師，一來一回的表演，裡面藏著無限的禪意。二偈合一來看，說明「空有不二」、「性相不二」、「性相一如」啊！這正是禪宗之精髓，般若之精華。《金剛經》云：「**離一切諸相，則名諸佛。**」這「於相離相、於念離念、於空離空、不取於相，如如不動」正是禪宗、佛法之精髓，也就是離一切諸相的成佛之道啊！在某次演講過後有人問我：「這兩首偈子在中國廣泛流傳一千多年了，為什麼以前沒有人這樣子講過？」我愣了愣，當場回答：「可能因為古人多用直式書寫，較不易看出其對應關係吧。」會後我仔細想想，禪宗大德高人如雲，怎麼可能沒人看到？沒人說出這層意思？古大德一定有很多人看到這一點，只是沒有文字記錄下來。更何況禪門大德多半不願說破禪機，而堵塞了其他人的悟處！我在這裡只想著「說清楚、講明白」，研究教義，說明白道理，卻忘了禪家不說破禪機的規矩。

我們凡夫常常只唸這一句：「菩提本無樹，明鏡亦非臺，本來無一物，何處惹塵埃。」惠能當時講這一句是對應神秀的上一句，是在於不要執著「有相、著相」。我們如果沒有上一句，直截惠能所講這一句，便恐怕落入執著「空相」，

而著空，錯到另一邊去了。而且，「本來無一物」，此一物如果是古典物理的物，那麼這句話是對的；如果從近代物理量子力學來看，這句話就不對了！如果真的是「本來無一物」，也別「如如不動」了。無一物，什麼動？還怎麼動？如果真的什麼都沒有，還修個什麼勁？

　　所以，永嘉大師在《永嘉證道歌》上說：「**誰無念？誰無生？若實無生無不生，喚取機關木人問，求佛施功早晚成。**」人不是只有物質能量，人還有精神能量。《心經》所說的包括了量子物理及量子心理，所以惠能當時講的「本來無一物」，實非「本來無一物」，而是為了破除對於「有」的執著。這裡也可以看出，唐朝時期的機器人已然是滿先進的。古代沒有「近代物理量子力學」，所以惠能當時說的「本來無一物」，是指古典物理的物體。量子力學說明「粒子就是波動，波動就是粒子」、「物質就是能量，能量就是物質」。跟《心經》上所說的「色即是空，空即是色」完全一樣。心理的「受、想、行、識」亦復如是，也是心識波動。「不動」是石頭、枯木、死灰；「動」是凡夫；「如不動」比較有點學問，但不究竟；「如如不動」，可能是到了最根本，「心念」、「基本粒子」的「波動」。

6-11

誤會莊子半世紀

　　大約是我念初中的時候，父親正在研讀諸子百家，每當有些心得，便在吃飯的空檔，講故事給我們聽。有一次講到莊子帶著學生遊學，遠遠看到一棵大樹，許多人在樹下乘涼。莊子對學生說，那棵大樹沒有用，才能留著活下來。學生發現果然如此，因為沒有用，才不會被人砍了當木材。後來師生到了一戶人家，主人準備殺雞招待客人，問莊子是殺公雞好呢？還是殺母雞好呢？莊子說，母雞留著會下蛋，公雞沒用，殺公雞吧。莊子的學生們一聽就迷惑了。老師昨天說，沒有用的東西才可以活下去，今天為什麼殺沒有用的公雞呢？當年我聽到這裡，也好奇地豎起耳朵等答案。父親給的簡單答案是，莊子說：「道理是道理，事理是事理。」我當時心裡想，這在說什麼啊？這個答案，使我對莊子誤會了半個世紀，反正都是他說了對。也因此，幾十年過去，對於《莊

子》一直提不起勁來。

　　這個故事應該是源自《莊子外篇‧山木》：

　　莊子行於山中，見大木，枝葉盛茂，伐木者止其旁而不取也。問其故，曰：「無所可用。」莊子曰：「此木以不材得終其天年夫！」出於山，舍於故人之家。故人喜，命豎子殺雁（鵝）而烹之。豎子請曰：「其一能鳴，其一不能鳴，請奚殺？」主人曰：「殺不能鳴者。」明日，弟子問於莊子曰：「昨日山中之木，以不材得終其天年；今主人之雁，以不材死。先生將何處？」莊子笑曰：「周（莊子）將處乎材與不材之間。材與不材之間，似之而非也，故未免乎累。若夫乘道德而浮游則不然。無譽無訾（詆毀），一龍一蛇，與時俱化，而無肯專為；一上一下，以和為量（準則），浮游乎萬物之祖；物物而不物於物，則胡可得而累邪！此神農、黃帝之法則也。若夫萬物之情，人倫之傳（人們的習慣），則不然。合則離，成則毀；廉則挫，尊則議，有為則虧，賢則謀，不肖則欺，胡可得而必乎哉（怎麼做才保證是對的）！悲夫，弟子志之（記住），其唯道德之鄉乎（唯一的選擇，是生活於道德的境界吧）！」

　　前面父親口語的敘述與莊子經典中的記載，雖然有些出

入，但是大意相通。

後來到了中年，自己開始讀大乘佛教經典。禪家的《六祖壇經》，初期讀了幾遍，感覺到惠能大師，不管正著講，還是反著講，反正都是他對，別人都是錯的。這似乎和前面莊子給我的印象一樣。這是怎麼回事？之後慢慢深入經文，才開始嗅出了味道。

僧志徹，江西人，本姓張，名行昌。少任俠，自南北分化，二宗主雖亡彼我，而徒侶競起愛憎，時北宗門人，自立秀師為第六祖，而忌祖師傳衣為天下聞，乃囑行昌來刺於師。師他心通，預知其事，即置金十兩於座間。時夜暮，行昌入祖室，將欲加害，師舒頸就之。行昌揮刀者三，悉無所損。師曰，正劍不邪，邪劍不正，只負汝金，不負汝命。行昌驚仆，久而方甦，求哀悔過，即願出家。師遂與金，曰，汝且去，恐徒眾翻害於汝，汝可他日易形而來，吾當攝受。行昌稟旨宵遁，後投僧出家，具戒精進，一日，憶師之言，遠來禮覲。師曰，吾久念汝，汝來何晚。曰，昨蒙和尚捨罪，今雖出家苦行，終難報德，其惟傳法度生乎，弟子常覽涅槃經。未曉常無常義，乞和尚慈悲，略為解說。

師曰，無常者，即佛性也。有常者，即一切善惡諸法

分別心也。曰，和尚所說，大違經文。師曰，吾傳佛心印，安敢違於佛經。曰，經說佛性是常，和尚卻言無常。善惡諸法乃至菩提心皆是無常，和尚卻言是常，此即相違，令學人轉加疑惑。

這段經文，如果也是在小時候聽到，我很可能會像誤會莊子一樣，很長時間醒不過來。

師曰，涅槃經，吾昔聽尼無盡藏讀誦一遍，便為講說，無一字一義不合經文。乃至為汝，終無二說，曰，學人識量淺昧，願和尚委曲開示。師曰，汝知否，佛性若常，更說什麼善惡諸法，乃至窮劫無有一人發菩提心者，故吾說無常，正是佛說真常之道也。又一切諸法若無常者，即物物皆有自性，容受生死，而真常性有不遍之處。故吾說常者，正是佛說真無常義。

我們來看看精彩的高手過招，神惠和惠能大師的對手戲：

有一童子，名神會，襄陽高氏子，年十三。自玉泉來參禮，師曰，知識遠來艱辛，還將得本來否。若有本，則合識主，試說看。會曰，以無住為本，見即是主。師曰，

這沙彌爭合取次語，以拄杖打三下。會乃問曰，和尚坐禪，還見不見。師云：吾打汝是痛不痛。對曰，亦痛亦不痛。師曰：吾亦見亦不見。神會問，如何是亦見亦不見。師云：吾之所見，常見自心過愆，不見他人是非好惡，是以亦見亦不見。汝言亦痛亦不痛，如何，汝若不痛，同其木石。若痛，則同凡夫，即起恚恨。汝向前見不見，是二邊。痛不痛，是生滅。汝自性且不見，敢爾戲論。神會禮拜悔謝。

　　這一段惠能大師直搗「不二法門」之根本，痛快淋漓。

　　神秀大師與惠能大師對應著名的偈子，剛開始覺得「本來無一物，何處惹塵埃」極其高明。但是仔細想想，如果修行修到了本來無一物，什麼都沒有了，豈不恐怖！但是為什麼大家對惠能這個偈子如此讚嘆呢？原來這是為了破除我們的執著「有」而說「空」。如此，就對了。反過來說，如果惠能先說空，神秀後說有，這齣戲可能就得反過來唱了。

　　在電影《達摩祖師傳》中的一段：

　　空智說：「心、佛以及眾生，三者都是空，現象的直性是空，無聖無凡，無施無受，無善無惡，一切皆空，對不對？」達摩突然舉拳打了空智的頭一下。空智驚慌地說：「你為什麼打人？」達摩回答：「你既然說一切皆空，那

何來痛苦？」

　　達摩祖師為了破除空智法師執著「空」，而敲他的頭。惠能大師、達摩祖師果然是師出同門，道理一如。在經論之中，繞了一大圈，這時才明白莊子和惠能大師說的都是根本道理。

　　《莊子‧天下》有句名言：「一尺之棰，日取其半，萬世不竭。」拿個一尺長的木頭，每天砍一半，這麼砍下去，萬年萬代都砍不完。這句話，兩千年來，引無數英雄競折腰。這個說法，在數學上、在理論上，是合理的。然而，我們學科學的人比較執著，從今天的物理學知道，到了「基本粒子」就不可以再分割下去了，如果可以再分割，就不是基本粒子了，哪裡會「萬世不竭」呢？假設一尺是三十公分，每天砍一半，六十五天之後已經<1×10^{-20}m（夸克或電子的直徑大約1×10^{-19}m），已經遠小於絕大多數的基本粒子了。這下子，會不會又卡住了而又產生誤會呢？如果上網去問AI、ChatGPT，可能會得到「不可能、不對」的答案。還好這次很快就轉了個念頭，在道理上，莊子這句話是通的，只是在物理、事理上，有其限制。小於1×10^{-20}m的物質，事理上已然無法再分割。但是小於1×10^{-20}m的時候，裡面幾乎全是空的，空間為什麼不能再分割？所以道理上還是可以永遠

繼續再分割的。

那麼，如何在生活上來明白「道理是道理，事理是事理」的說法呢？佛家講「萬法皆空，因果不空」。「因果」明明也是在萬法之中，那麼為什麼說「因果不空」呢？「萬法皆空」是從體、從本質、從性上講的，也就是從道理上講的。「因果不空」是從事相上講的，因果事上的相續相不空，這正是佛門常說的「緣起性空，相有體空」。「緣起」是從事相上講的，而性空是從本體上講的。「緣起性空」講的就是「相有體空」。由此，也可以體會到，前面所說「事理是事理，道理是道理」之道理了。還好，只誤會了莊子半個世紀，在還活著的時候，也從佛家的解釋懂了莊子的道理。「他山之石，可以攻玉，可以攻錯」，其如是乎。父親當年的簡說也沒有錯，只是那個年紀的我怎麼可能聽得懂呢？這場誤會，一眨眼就過了半世紀。

人生大夢，空中妙有
——人生如夢，
為何還要認真、努力、負責？

人生大戲，誰才是主角？難道不是我們自己？不是我們自己的心嗎？如果有一天，我們可以從「人生如夢，夢如人生」的「境界」對照中，瞭解「宇宙人生」究竟是怎麼回事，也就不枉費做這一場人生大夢。千萬別等到年老體衰、失智失能而空留遺憾。或許應該趁著身心還健康、頭腦還清楚的時候，早一點，多認識一下「自己」、「自我」，多瞭解一下真實的「宇宙人生」究竟是怎麼回事。

人的一生，是從哪裡開始？或是從哪時候開始？通常我們都不知道或是不記得。一般人從大約三、四歲才有比較清楚的記憶，才能夠片斷地記起一些畫面。生命長的，像個長片；生命短的，像個短片電影，但是沒有不散場的。有一天，電影要結尾的時候，想想自己會留下什麼？可以帶走什麼？平常大家都很忙，沒空想這個事情。所以在不忙的時候，應

該把不重要的事情暫時先放一放，仔細想想，如果自己不再醒來之後，是怎麼回事？那些能留下來的，都是我曾經擁有的。留下的是「我的」肉體、家人、朋友、財產，加上一些虛無飄渺的情感及回憶。而那個要走掉的，才可能是我自己！只是那個「我」到底是誰？到底是什麼？是怎麼回事？

人生大夢，究竟是怎麼回事？誰能知道？誰又能先覺悟呢？我們每個人都有做夢的經驗，許多人可能都做過類似的夢：比如要參加大考了，自己還沒準備好，書還沒念完。要不就是找不到考場，找不到自己的座位。愈來愈緊張，急出了一身汗的時候，忽然絆了一跤。跟蹌跌倒，醒來之後，真的是一身大汗。就像南柯夢、黃粱夢一樣，有時候，人世間的生活和夢中的境界還可以有所連結。夢境中，遇到了驚險的事情，嚇出了一身冷汗，夢醒之後，才知道不是真的。但既然是假的，為什麼醒來後，發現是「真的」身體嚇出了一身汗？夢中的喜怒哀樂、膽戰心驚、害怕恐懼、做夢時的感覺卻是那麼的真實不虛。

人生百態說不盡，戲劇電影演員可以當選為總統；妓女可以成為第一夫人；也有皇后後來當妓女，還自嘆：「當皇后何如當妓女？」富可敵國紅頂商人，最後窮途潦倒，貧無立錐之地；乞丐可以當皇帝，也可以成為狀元宰相；春秋第一霸主齊桓公竟然是餓死的，而且屍體生蛆爬出了寢宮，才

被發現。有位大臣被相士說他「命主餓死」，皇帝不相信，賜給他一座銅山，隨便他自己鑄錢，看看他怎麼可能餓死。後來新皇帝繼位，收回這銅山，這位曾經擁有一座銅山的人還真是餓死的。再看看〈破窯賦〉狀元宰相呂蒙正所舉的許多歷史故事案例，想想自己，或許可以釋懷了。人生如夢如幻，臨走之前，通常會經過老、病；如果不老就走了，也滿慘的。現代的疾病，癌症、病毒入侵腦心肺、失智、精神失常、成植物人等，哪一樣輕鬆？死亡之後，留下來的全是別人的，沒有一樣東西帶得走。人生的榮華富貴，難抵「無常」。

　　生死大夢之中，我們看到世間英雄豪傑，來來去去，生生死死。雖然心有戚戚焉，卻像看電影一樣，覺得事不關己。沒有親身走過這一段路程，哪來刻骨銘心的感受？沒有經歷過魔鬼細節的磨練，哪來精彩的故事說給後人聽？然而再大的成就、再精彩的人生，回想過去的一切，幾乎都脫不了「浮生若夢」的感慨。「假饒金玉滿堂，任你千般快樂，無常終會到來。」「萬般將不去，唯有業隨身。」到頭來還是一場空，什麼都抓不住，所以會感覺到痛苦。靈敏度較高的人，或許年輕時就能體會到無常之苦。我們一般人，多半要到有重病或是年老時，才會感覺到「無常」的無奈。

人生如夢，為何還要認真、努力、負責？

人生光著身子來，人死化成灰燼走。如果「人生」真的是什麼都沒有，那麼何來痛苦呢？人這一生，如果真的就像一場夢，醒來之後，空空如也，什麼都沒有，那麼，人生的意義何在？佛門所講的「真假」，是所有會變的都是「假的」，只有不變的才是「真的」。人生無常，如夢幻泡影，如鏡花水月，都是假象，是佛門所說「假的」、「空的」。既然是假的、空的，為什麼我們在生活中、在工作上還要這麼認真、努力、負責呢？

現象雖然會變化，是假的，但是「離開了現象，也就沒有真相」了。「真相在現象、假象之中，真的藏在假的背後」、「真我」就在「假我」之中，靈魂裡面有「自性真我」。所以佛門在人生大夢之中，大興「水月道場」，大做「夢中佛事」，是為了讓眾生能夠從「假象」之中悟入「真相」。「假象之中，有真相；空相之中，具妙有」、「以假修真」，實在是要我們明瞭那「色即是空，物質即波動」，「不生不滅、能量守恆」，「空有不二、空中妙有」的真相啊！

當「自我」變小了，私心變淡了，不再那麼「自私自利」了，眼界視野就會變得開闊廣大，人生意境便可以大幅地提升。當「自我」小到「無我」了，就有機會契入《金剛經》境界，明白《心經》所說的「宇宙人生真相」了。

人生大夢，夢醒之後，看到的境界會是什麼樣子？是怎麼回事？「夢裡明明有六趣，覺後空空無大千。」這情況正是《心經》上所說的「色即是空，空即是色」的境界。也或許像是從「古典物理」物質世界進入了「量子物理」波動世界。到那個時候，所看到的可能就是「本來無一物，何處惹塵埃」之「波動能量」世界了。

6-13
千古才子蘇東坡
——最終看破功名、彰顯功德

　　蘇軾，宋朝著名的文學家、政治家、藝術家，號東坡居士、鐵冠道人。宋仁宗嘉祐二年進士，累官至吏部尚書、兵部尚書、禮部尚書。有《東坡先生大全集》及《東坡樂府》詞集傳世。其散文、詩、詞、賦均有成。蘇軾之詩與黃庭堅並稱「蘇黃」，又與陸游並稱「蘇陸」；其詞「以詩入詞」，首開詞壇「豪放」一派，振作了晚唐、五代以來綺靡的西崑體餘風。後世與南宋辛棄疾並稱「蘇辛」；其賦亦頗有名氣，最知名者為貶謫期間借題發揮寫的前後〈赤壁賦〉。藝術方面，書法名列「蘇、黃、米、蔡」北宋四大書法家之首；其畫則開創了湖州畫派。仕途上，國家會考中榜眼進士，官至吏部、兵部、禮部尚書，位居公卿要職。東坡先生多才多藝，少年得志，在許多領域都表現超級傑出、大放異彩，成就斐然而名留青史。蘇東坡在弱冠之時，便對莊子思想有了深刻

認識，《宋史‧列傳》關於蘇軾記載：「比冠，博通經史，屬文日數千言，好賈誼、陸贄書。既而讀《莊子》，嘆曰：『吾昔有見，口未能言，今見是書，得吾心矣。』」用白話來說：「蘇軾二十歲左右，就博通經傳歷史，每天寫文章幾千字，喜歡賈誼、陸贄的書。後來讀到《莊子》，感嘆說：『我從前便有所見解，只是說不出來，今天看到這本書，跟我心裡想的一樣。』」也就是說，蘇軾讀《莊子》之前，就已經有莊子的宇宙人生觀。

蘇軾後來在當時新舊黨爭中非常失意，宋神宗元豐二年，蘇軾被貶謫到黃州，之後一路被貶謫流放三次，從黃州、惠州貶放至儋州（海南島）。蘇軾被貶官至黃州時，俸祿減少了一半。朋友馬正卿從揚州趕來看望蘇軾，看到他生活貧苦，於是找到黃州太守，將當地的一塊荒地撥給蘇軾耕種，幫助他一家解決吃飯問題，蘇軾十分高興。這塊荒地在黃州城東邊，又是一塊坡地，蘇軾把這塊地叫東坡，還給自己取了一個號，叫「東坡居士」。蘇東坡和佛印禪師一俗一僧，兩人留下許多禪修有趣的故事。其中一則與打坐禪定相關的趣聞，流傳甚廣。其中一則，蘇東坡一次打坐後，寫了一首偈：「稽首天中天，毫光照大千，八風吹不動，端坐紫金蓮。」這功夫對於我們凡夫俗子，已然難得。蘇東坡有點得意，讓書僮過江送給佛印禪師看看。

　　佛印看了之後，在上面寫了「放屁」兩字，讓書僮帶回去。這下子蘇東坡坐不住了，立馬過江要和佛印討個公道。到了佛印住所，門口貼了張字條：「八風吹不動，一屁打過江。」八風是「利、衰、毀、譽、稱、譏、苦、樂」，八種世人認為順逆好壞之意境。順境不得意，逆境不失意，真難。當年東坡先生的定功還不到位，因而被佛印禪師看穿而糗了一頓。此時的東坡先生，雖然火候不到，定力未逮，但是如果沒有這金剛種子，也就不會有之後的功行了。我等看這個典故，也是人云亦云，自己可能連被如此嘲諷的機會都還排不上隊伍哩！這八風，讓人心隨情境上上下下，起伏動盪。利、譽、稱、樂，人之所欲；衰、毀、譏、苦，人之所厭；如果定力不夠，順境起貪心，逆境起嗔恨，不但惑亂身心，更增貪嗔癡之惡因、惡緣、惡業，因而墜落火坑惡道，苦不堪言。「禍兮，福之所倚；福兮，禍之所伏」、「譽之所至，謗亦隨之」、「境緣無好醜，好醜起於心」，聖賢之言，其如是乎。

　　元豐五年，蘇東坡寫下了〈赤壁賦〉這篇作品，文中有言：「蘇子曰：客亦知夫水與月乎？逝者如斯，而未嘗往也；盈虛者如彼，而卒莫消長也，蓋將自其變者而觀之，則天地曾不能以一瞬；自其不變者而觀之，則物與我皆無盡也，而又何羨乎？」這一段，除了一般高中國文老師的說法，或

許還得參考物理老師的解釋認知。如果「黃河之水天上來，奔流到海不復回」是真的，黃河的水老早就乾涸了。我們看到的現象，水、水蒸氣是會回到源頭再循環不息的。如果月亮的陰晴圓缺是真的，這個世界問題可就大了。月亮初七、十五不一樣？你到太空去看看，哪裡有初七、十五不一樣的月球形狀呀？那只是我們不正確觀察所得到的假象。就像我們無數的人，看了千萬年都以為太陽繞著地球轉，還從東方昇起，西方落下，錯得沒邊了。直到十七世紀哥白尼提出「地動說」，還差點上了斷頭台，離譜吧。再往深處說，「所有物質都是基本粒子組成，其現象是，大部分基本粒子生命週期都很短，是一瞬間的萬、億分之一。但是根本上，都是遵守能量守恆不變的。」所以從現象來看，無時無刻不變；而從真相來看，從來不曾改變。問題是，為什麼蘇子當年，千年之前就懂了，而且說得如此清楚明白？

我們回去看看《老子》、《莊子》、《中庸》、《大學》，以及《金剛經》、《心經》之中先進的近代物理學之觀察、觀念，就能夠知道是為什麼了。莊子說：「**天地與我並生，萬物與我為一。**」這和《楞嚴經》說的「根塵同源」如出一轍。如此，也才合乎物理學的能量守恆真諦。沒有宇宙哪來人生，沒有人生，誰在乎宇宙是不是個渾球。蘇軾是儒、道、釋三家的通家，號東坡居士、鐵冠道人，能夠有此見地，當是其

來有自啊！

宋徽宗建中靖國元年五月，他獲赦從儋州北上，途經鎮江金山寺，看到畫家李公麟為他所繪之畫像，面對自己的畫像，寫下這首詩：「**心似已灰之木，身如不繫之舟。問汝平生功業，黃州惠州儋州。**」此詩為蘇軾歷經三次貶官謫居、放逐生涯之後為自己所做的一生總結。同年7月病逝於常州。「已灰之木、不繫之舟」都是《莊子》上的典故。他從生活命運之中體悟出人生究竟，世人多半糾結於功名利祿，富貴窮通，常常只能看見今生的變化故事及表相的順逆。蘇東坡從命運的起伏，他從三部尚書的高位，官職愈做愈低，而人生體悟境界卻愈來愈高，進而參透了六道之「三世怨」，而實入莊子之意境。黃州、惠州及儋州是他三次被貶的流放之地，他卻認為是他一生功業所在。表面上看起來像是東坡先生自嘲際遇，但往深處探尋，應該說的是大實話，境界高超。

如何來解讀這首詩偈呢？後兩句講的是「表相」，我們凡夫，沒有「相」就不會看、就無法想像。用「黃州、惠州、儋州」之表相，抓住我們的眼球及思維想像。而前兩句講的是「實相」，實相無相，然而為了隨順眾生習性，先用假相「已灰之木、不繫之舟」接引我們，再用「似」、「如」來點出並非真有那些相。詩中「似」、「如」用得真好，如果改為「心成已灰之木，身是不繫之舟」，那麼蘇東坡就此結束了！「真

實相」是說不清楚的，正是「開口便錯，動念皆乖；言語道斷，心行處滅」。但是不說、不去形容，誰知道你在「說」什麼！不得已才先說個相，再告訴你，其實不是那個相，旁敲側擊地來解說，使我們能夠揣摩或者進入那真實相境界。正是《金剛經》的典型句子：「所謂什麼，即非什麼，是名什麼。」這樣做實在是不得已而為之。「凡所有相，皆是虛妄，若見諸相非相，即見如來。」如此，才能夠見到「真實相」。他看破的是功業，而彰顯的是功德。一貶、再貶、三貶，以至於死了心，不再沉迷於功名利祿。

　　「心似已灰之木」正是佛門常說的「打得念頭死，許汝法身活」。此時蘇東坡已然轉功業之念頭，而入功德、定慧之境界。《六祖壇經》中，惠能大師將達摩祖師說梁武帝造寺度僧、布施設齋，實無功德，說明得非常透澈。梁武帝所做功業，只是福德。而功德在法身中，不在修福。梁武帝造大功業，心念回報，期待讚美，自然逃不出名利之福德窠臼。如果他是發菩提心，為了眾生而造大功業，為而不有，利益大眾，自己心無所住，清淨自持，如此便是功德。「即心名慧，即佛乃定，定慧等持，意中清淨。」什麼是功德？定、慧是也。東坡先生表相之功業愈走愈差，而內心之定慧卻愈來愈高，高到「心似已灰之木」，不起心、不動念，不取於相，如如不動；「身如不繫之舟」，身心無拘無束，隨遇而安，名利

不能動其心，毀譽不能改其志。因而入了莊子，入了儒、道、釋三家修行人之高風亮節。或許這個時候，東坡先生的心境真是「八風吹不動，端坐紫金蓮」了。真正心靈上的境界，非智慧不能通達。《楞嚴經》上說：「**淨極光通達，寂照含虛空。卻來觀世間，猶如夢中事。**」意思是說，「心清淨到極致，智慧就通達了。清淨寂滅的智慧，包含了整個宇宙人生。再回過頭來看這個世間的人生過程，就像是在夢中發生的事情一樣。」

　　李白和蘇東坡都是千年不遇的才子，然而宋神宗認為李白有蘇軾的才華，卻沒有蘇軾的學問。這雖說是見仁見智，但是蘇軾的才華、學問確實是登峰造極，令人欽敬。再回頭看看東坡先生的〈赤壁賦〉及最後這首詩偈，在才華、學問之上，又增加了智慧。如此看來，東坡先生已然更勝一籌。從三世因緣及宇宙人生之真諦來看，蘇東坡這一次的人生淬鍊，或許可以說是賺大了。東坡先生前世是五戒和尚，後世為憨山大師，憨山大師再轉世為虛雲大師，虛雲大師之後往生彌勒淨土。

　　生命旅途中，看多了宦海浮沉、大起大落，還是沒有自己親身經歷過榮辱得失，得意時上寵下捧，失落時上憎下怨來得刻骨銘心。看多了醫院急診室和殯葬館之間的生死拉鋸戰，仍然沒有自己親身經歷過與死神搏鬥、生死就在那一瞬

間來得椎心要命。有過這些經歷的人，比較容易看破名聞利養，放下貪嗔癡慢，繼而提起正知正見。看看蘇東坡一生的際遇，三度被謫官流放，從京城到湖北黃州、到廣東惠州，再到那天涯海角的海南儋州。到終老最後一年，在返鄉路上，看著自己畫像而作的「回顧詩」，反映了他最終「看破、放下、提起」的心境，已然是「青山依舊在，幾度夕陽紅。古今多少事，都付笑談中」。

業因果報，生死輪迴，何其玄妙？人活著是為了什麼？生命的意義究竟在哪裡？一個重要的課題應該是「認識自己和自己的生活環境，包括物質及人事環境」。換句話說，也就是「明白宇宙人生的真相」。儒道釋三家的聖賢早在兩千多年前就提供了達到真善美慧境地之高明見解及方法。蘇東坡故事中的心路歷程，或許可以做為一個探索宇宙人生的實驗範例。

浮生若夢似幻
夢醒回頭是岸

此生之前誰是我？受生之後我是誰？
來時糊塗去時迷，空在人間走一回。

吾本南海一衲子，為何落魄至如此？
金蓮坐前耐不住，不覺走上蹉跎路。

紅塵滾滾心勞累，汲汲營營為了誰？
留點時間給自己，看破放下再提起。

是是非非別在意，隨緣不變兩相宜。
榮辱得失身外事，看清看淡是菩提。

工作認真負責任，逆境順境皆考題。
識得大慈大悲心，方知人生真實義。

驚鴻一瞥見乾坤，宇宙人生夢成真。
莫忘當初來時路，記得瀟灑走這回。

什麼是究竟「成功」的人生？

　　人的一生，「成功」與否，通常要到最終「時空轉換」的時候才見真章。世俗之「成功」願望，古人將《書經》「洪範五福」之次第，列為重要需求。「壽、富、康、好德、善終」，五福具足，才算有好成績。人死了，世俗的一切大都沒有意義了，所以壽擺第一。古人窮怕了，將富放第二。身心健康，才會有正常生活。接下來最重要的是，有好的德行，樂善好施、不自私自利、不貪得無厭，快樂助人；不吹捧富貴、不趨炎附勢、不恃強凌弱、不欺壓貧賤，而受人尊敬。最後能夠自然終老、平靜安詳地轉換到新的世界。此五福講得合情合理、清楚明白，是我們普羅大眾，心所嚮往之福報。但是這五福絕不是無緣無故而得之。前世、今生、後世，定有其因果關係。《易經》說：「積善之家必有餘慶，積不善之家必有餘殃。」斯之謂也。

世俗的成功，多半以「**成就了功名利祿**」為衡量。然而，功名利祿，在離世的時候，全如「夢幻泡影」一樣，一點都帶不走。真的是「萬般將不去，唯有業隨身」，留下的，都成了遺產及遺憾，帶走的卻是一身業障。即使造大善業，也跳不出「三世怨」的窠臼，而仍然輪迴於六道中。

君不見，梁武帝廣造佛寺、齋僧濟世、提倡素食；達摩祖師說那些「實無功德」。梁武帝做的成就是「福德」，「生死事大，福何可救？」正是「住相布施修天福，猶如仰箭射虛空，勢力盡、箭還墜，招得來生不如意。」「功名、功業」只是在「相」上、「事」上，下功夫（用的是加法，愈做愈多），最多只會是福德。

「福德」像是整數數字，是可數的、可數盡的，是會用盡的。梁武帝貴為皇帝，後來竟是餓死於宮中。春秋五霸之首的齊桓公，功名蓋世，也是餓死於宮中，等屍體的蛆都爬出了屋外，才被人發現。福德極大者，也不一定能得善終。即使貴為帝王，也只是虛名而已。我們一般人，到了最後「時空轉換」那一刻，也很可能同樣地搞不清楚狀況，像秋風落葉，隨業受報去了。這一生虛無飄渺的功業努力，如海市蜃樓般，白忙了一場，空在人間走這一回。

如果是以「**成就了功德智慧**」為成功，那麼，功德在「法身」中，生生世世都可以累積成「法財、智慧」而有受用。

「功德」是在「心」上、「性德」、「心意識」上下功夫（用的是減法，愈減，貪嗔癡慢愈少，煩惱也愈少）。正是「為道日損，損之又損，以至於無為，無為而無不為」，「功德」像是0到1之間的小數，是不可數的、數不盡的，用不盡的。

惠能大師將功德與福德說明得非常清楚，《六祖壇經》上說：「若修功德之人，心即不輕，常行普敬。」如果「心常輕人，吾我不斷，即自無功；自性虛妄不實，即自無德。」「自修性是功，自修身是德。善知識，功德須自性內見，不是布施供養之所求也，是以福德與功德別。」功德在於「戒定慧」，而「攝心之謂戒，因戒生定，因定開慧」。功德起於心，在於心，不在外相。所以，功德與福德之差別在於「不著相、不住於相」。表面同樣的「布施」，如果著相，執著「是我布施，布施這些財務，你受施」，如此，所得則是福德，而會墮入「三世怨」之循環。如果離相布施，「三輪體空」，施者、受者、所施之財物，都無所著、完全不放在心上，不用分別、執著的「意識心」。如此則是功德。三輪體空之功德，便是《金剛經》所說的「離一切相，即名諸佛」。「功德、法財」可以存在「靈魂、阿賴耶識」之中，存在於「智慧心」上、生生世世累積而有受用。

蘇東坡一生功業愈做愈小，最後看破紅塵，「打得念頭死，許汝法身活」，死了心，「心似已灰之木，身如不繫之

舟」，已然是「不起心、不動念、不取於相、如如不動」。轉世之後而為憨山大師，再轉世而為虛雲大師，之後往生彌勒淨土，進入了「不生不滅、不垢不淨、空有不二、一真一切真、萬境自如如之自性境界」。如此，可謂真正、究竟之「成功」也。

　　或許有些年輕人會說：「我現在一無所有，怎麼用減法啊？」好問題！「減法」是用在心上，並非用在事上、相上。年輕人的「煩惱」是否一定比中老年人來得少？不見得。所以即使是年輕人，減法也可以用在減少貪嗔癡慢上面。即使中老年人，減法也主要是用在心上，不是一定要在事上或是相上。如果真的「一無所有」，連「煩惱」都沒有了，那得恭喜你，會有機會學惠能，而成為祖師大德。

　　然而這樣的概率是極小的，中國幾千年來到今天，也就出現了惠能一人而已。他第一次見五祖弘忍大師就說：「弟子自心常生智慧，不離自性，即是福田。」如果我們見到老師可能會說：「弟子自心常生煩惱，思緒混亂，心神不安。」不要說我們是如此，禪宗二祖慧可、三祖僧燦，都曾對他們的老師說過：「弟子心不安，請師父為弟子安心。」兩位大師經過師父的指點，都「覓心了不可得」，慧可、僧燦這一轉念，真的就「心安」了，而成佛作祖，繼承了老師的衣缽。正是永嘉大師說的：「損法財，滅功德，莫不由斯心意識，

是以禪門了卻心，頓入無生知見力。」問題在於自己的「分別、執著」，果真放下了分別心、執著心，便明白了「空有不二」，進入那「不生不滅」的「一真一切真，萬境自如如」之「自性淨土」了。

　　蘇東坡年輕時在功名利祿之中的表現也是一等一的，後來受盡折磨、吃盡苦頭，對功名利祿不再動心，才能回頭走向功德智慧。之後用減法也是被迫的，所以他的成就是展現在後世來生。惠能應該是多生多劫用減法，所以這一生不到三十歲就成佛作祖了。他們兩位都是頂尖人物，我們凡夫俗子如何能效法？孔子說：「不曰如之何？如之何者？吾末如之何也已矣。」

歌神陳歌辛〈永遠的微笑〉

「上海歌神」陳歌辛先生作詞作曲的流行歌曲〈永遠的微笑〉，創作於 1940 年，那正是對日抗戰最激烈、最慘痛的時候。平易近人的歌詞深入人心，使受苦受難的百姓心聲與歌曲產生共鳴。雖然這首歌距離我們現在已經超過八十多年了，到今天仍有許多歌手翻唱著。從網路的檔案聽蔡琴唱的這首歌，韻味十足，令人回味無窮。一首流行歌曲，有如此旺盛的生命力，是對它所具有價值的最好證明。

> 心上的人兒，有笑的臉龐，
> 他曾在深秋，給我春光。
> 心上的人兒，有多少寶藏，
> 他能在黑夜，給我太陽。

> 我不能夠給誰奪走，僅有的春光，
> 我不能夠讓誰吹熄，胸中的太陽，
> 心上的人兒，你不要悲傷，
> 願你的笑容，永遠那樣。

如果把這首歌看成一般情歌，也是很正常的事。然而它的意境應該比兒女私情更深遠，才能夠感動人心、受人喜愛而流行久遠。《詩經》關雎的風雅，杏花村歌的心聲，陽春白雪，鄉里小曲，各唱各的調，各度各類眾生，哪有什麼高低貴賤之分？「眾法平等」，「法無優劣，契機則妙」。運用之妙，存乎一心，關鍵在於表演者、觀眾、聽眾及報導者的「平等用心」吧。「心上的人兒」，當我們用「意識心」來看、來找的時候，他也被看成「凡人」了。

但是，心上的人兒是誰？他在哪裡？「眾裡尋他千百度，驀然回首，那人卻在，燈火闌珊處」。「回頭是岸」，「回頭」重要啊。到處找尋他，都找了千百回了，驀然回首，突然回頭，才驚覺到，原來那個人就在附近，就是那個藏在心底深處，發著光亮的「自己」。驀然回首，〈青玉案‧元夕〉這闋詞的作者辛棄疾，字幼安，號稼軒居士，應該是佛門弟子。他詩詞的意境能夠深入心底，也是可以想像得到的。

「心上的人兒」就是「自己的心」，「自己的清淨心、平等心」，「自己的真心」。也就是那個與我們同遊的「達者」，宇宙人生的真實境界。「心上的人兒」，永遠微笑，永遠陽光，永遠那樣。明白了「宇宙人生」，明白了「自己的心」，活出自己、活出自信。人生究竟是為了什麼？人生

的意義何在？尋尋覓覓，「上窮碧落下黃泉，兩處茫茫皆不見」。尋根、尋夢、尋找自己的心；眾裡尋他千百度，驀然回首，答案卻在那「燈火闌珊處」。

/【作者簡介】/

　　劉富臺博士，祖籍河南南陽，出生於臺灣基隆，成長於
臺東。

　　畢業於中央大學物理系，美國奧本（Auburn）大學物
理學碩士，紐約石溪大學材料科學工程博士，並取得賓州大
學華頓商學院 AMP 證書及史丹佛大學 EMBA 課程訓練。

　　曾加入英特爾（Intel）從事元件物理及製程整合之研發，
於摩托羅拉（Motorola）加入 DRAM 及 SRAM IC 產品設計，
後於意法半導體擔任研發副總、生產副總及德州達拉斯廠區
總監。回臺後加入聯華電子擔任技術長、業務長及美洲總經
理等工作。之後創辦「宇能電」科技，從事於傳感器產品及
解決方案，應用於手機、穿戴式裝置、物聯網及工業應用，
並加入 AI 人工智能應用功能。

　　發表過三十餘篇專業技術論文，並獲得九十五項各國專
利。著有《微觀大千》、《觀察的藝術》、《難忘的偶然》
及《當科技遇上人文》。

國家圖書館出版品預行編目(CIP)資料

難忘的偶然：我的尋根、逐夢與感悟之旅／劉富臺著.
-- 初版. -- 臺北市:商周出版, 城邦文化事業股份有限公司出版:
英屬蓋曼群島商家庭傳媒股份有限公司城邦分公司發行, 2025.02
304面;14.8×21公分
ISBN 978-626-390-413-2(軟精裝)
1.CST:劉富臺 2.CST:半導體 3.CST:自傳

783.3886   113020078

線上版讀者回函卡

難忘的偶然：我的尋根、逐夢與感悟之旅

作　　　者／劉富臺
企 畫 選 書／魏麗萍
責 任 編 輯／魏麗萍、楊如玉

版　　　權／吳亭儀
行 銷 業 務／周丹蘋、林詩富
總 編 輯／楊如玉
總 經 理／彭之琬
事業群總經理／黃淑貞
發 行 人／何飛鵬
法 律 顧 問／元禾法律事務所 王子文律師
出　　　版／商周出版
　　　　　　城邦文化事業股份有限公司
　　　　　　台北市115020南港區昆陽街 16 號 4 樓
　　　　　　電話:(02) 2500-7008　傳真:(02) 2500-7579
　　　　　　E-mail:bwp.service@cite.com.tw
發　　　行／英屬蓋曼群島商家庭傳媒股份有限公司城邦分公司
　　　　　　台北市115020南港區昆陽街 16 號 8 樓
　　　　　　書虫客服服務專線:(02) 2500-7718・(02) 2500-7719
　　　　　　24 小時傳真服務:(02)2500-1990・(02) 2500-1991
　　　　　　服務時間:週一至週五　09:30-12:00・13:30-17:00
　　　　　　郵撥帳號:19863813　戶名:書虫股份有限公司
　　　　　　E-mail:service@readingclub.com.tw
　　　　　　歡迎光臨城邦讀書花園 網址:www.cite.com.tw
香港發行所／城邦(香港)出版集團有限公司
　　　　　　香港九龍土瓜灣土瓜灣道 86 號順聯工業大廈 6 樓 A 室
　　　　　　電話:(852) 2508-6231　傳真:(852) 2578-9337
　　　　　　E-mail:hkcite@biznetvigator.com
馬新發行所／城邦(馬新)出版集團 Cité (M) Sdn. Bhd.
　　　　　　41, Jalan Radin Anum, Bandar Baru Sri Petaling, 57000 Kuala Lumpur, Malaysia
　　　　　　電話:(603) 9057-8822　傳真:(603) 9057-6622
　　　　　　E-mail:service@cite.com.my

封 面 設 計／李東記
版型設計、內文排版／關雅云
印　　　刷／高典印刷有限公司
經 銷 商／聯合發行股份有限公司　電話:(02) 2917-8022　傳真:(02) 2911-0053
　　　　　　地址:新北市231028 新店區寶橋路235 巷6 弄6 號2 樓

■2025年2月初版
定價／450元

Printed in Taiwan
城邦讀書花園
www.cite.com.tw